Brigitte Fischer / Rose Marie Donhauser

Brotbackautomat

Über 70 Gourmetrezepte

LUDWIG

Inhalt

Besonders gesund und wohlschmeckend: Dinkelvollkornbrot

Vorwort 4

Wie funktioniert eine Brotbackmaschine? 6

Die Gerätewahl 6

Funktionen und Programme 7

Die ersten Schritte 8

Unterschiede bei den Geräten 9

Mehl – die Kraft aus dem Korn 10

Welche Mehlarten eignen sich? 10

Die Mehltypen 11

Brot besteht nicht nur aus Mehl 13

Was Sie dem Brot zugeben können 14

Brot – raffiniert gewürzt … 15

… und länger haltbar 16

Gewürzanregungen 16

Qualität vor Quantität 17

Die häufigsten Backfehler 17

Die richtige Lagerung 17

Backlexikon von A bis Z 18

Zu den Rezepten 23

Mischbrote 24

Das passt zu Mischbroten 29

Buttermilchbrot mit Kräuteroliven – eine Brotvariation aus dem Süden

Nussige, kernige Brote 34
Das passt zu nussigen, kernigen Broten 38

Eine süße Variante: Teebrot mit Rosinen

Vollkornbrote 40
Das passt zu Vollkornbroten 42

Gewürzbrote 44
Das passt zu Gewürzbroten 48

Pikante Brote 50
Das passt zu pikanten Broten 54

Gemüsebrote 58
Das passt zu Gemüsebroten 62

Sauerteigbrote 64
Das passt zu Sauerteigbroten 68

Früchtebrote 70
Das passt zu Früchtebroten 74

Feine Sonntagsbrote 76
Das passt zu Sonntagsbroten 80

Brotbackmaschine und Backofen kombiniert 82
Das passt dazu 91

Bezugsquellen 94
Über dieses Buch 94
Rezeptregister 95

In Kombination mit dem Backofen gelingen sogar Brezen ganz leicht.

Vorwort

Selbst gebackenes Brot zum Frühstück oder sich gar vom Brotduft wecken lassen …? Vor dem Genuss des frischen Laibs stand bis jetzt eine Reihe von mühseligen Arbeitsgängen: das Ansetzen des Sauerteigs am Vortag, das immer wiederkehrende Kneten, das Beobachten der Ruhephasen. Selbst wenn das Brot endlich im Backofen war, war die Arbeit noch lange nicht zu Ende: Die richtige, gleichmäßige Temperatur im Backofen musste gehalten – gegebenenfalls Hitze reduziert oder erhöht – werden, und nicht zuletzt stand ein kleines Geschirrrepertoire zum Abspülen da. Kein Zweifel: Selbst Brot zu backen kostet eine Menge Arbeit und viel Zeit. Das ist auch der Grund, warum zu Hause immer seltener gebacken wird, selbst wenn viele gerne ihr eigenes Brot mit ganz unverwechselbarem Geschmack essen würden.

Der erste Brotlaib überhaupt wurde um 2000 v. Chr. im Orient gebacken. Die Menschen damals kannten schon den Sauerteig. Im Christentum erhielt das Brot durch die eucharistische Verwandlung heilige Bedeutung.

Einfach und erfolgreich backen

Seit der Erfindung der automatischen Brotbackmaschine vor einigen Jahren ist die Arbeit des Brotbackens Schnee von gestern: Sie suchen sich einfach ein Brotrezept nach Ihrem Geschmack aus, wiegen die Zutaten genau ab und geben diese unvermischt in den Behälter der Brotbackmaschine. Den Rest der Arbeit übernimmt die Maschine. Ihnen bleibt die Vorfreude auf das knusprig gebackene Brot, und spätestens beim Verströmen des Backduftes müssen Sie schnell die Fenster schließen, damit Ihnen nicht die Nachbarn das ofenfrische Produkt wegessen.

Gesund und abwechslungsreich

Brot ist eines unserer wichtigsten Grundnahrungsmittel. Tagtäglich verspeist jeder Mitteleuropäer laut Statistik durchschnittlich 223 Gramm, was etwa sechs Scheiben entspricht. Da Brot so häufig auf unserem Speisezettel steht, sollten wir auch genau wissen, was es enthält.

Wer einmal darauf achtet, wirklich gesundes Brot ohne Enzyme, Emulgatoren oder Aminosäuren (z. B. Cystin oder Cystein) – Zusatzstoffe, durch die Brot einfach herzustellen oder länger zu lagern ist – zu kaufen, wird feststellen, dass das gar nicht so billig ist. Das verpackte Brot im Supermarkt oder die Einheitsbackware mit Zusatz- und Konservierungsstoffen sind im Preis erschwinglich, doch Backwaren mit Zutaten aus kontrolliert biologischem Anbau kosten wesentlich mehr.
Mit dem Brotbackautomaten haben Sie die Möglichkeit, bei minimalem Arbeitsaufwand ein günstiges und zugleich gesundes Brot zu backen. Sie selbst bestimmen, was Ihr Brot enthalten darf. Dabei können Sie weitaus abwechslungsreicher sein als Ihr Bäcker um die Ecke: heute mit Leinsamen, morgen mit Cashews und übermorgen mit Mohn oder mit Kreuzkümmel. Nach einiger Backerfahrung und kleinen Gewürzexperimenten mit Ihrer automatischen Brotbackmaschine werden Sie sehen und schmecken, dass »unser täglich Brot« sich immer wieder abwandeln lässt.
Pünktlich zum Frühstück können Sie sich und Ihre Familie jeden Tag mit einer anderen Brotvariante verwöhnen. Etwas Fruchtiges mit Kirschen, etwas Nussiges mit Pekannüssen oder ein klassisches Toastbrot? Egal, welches Brot Sie bevorzugen – Ihr Tag wird immer gut anfangen.

Bäcker dürfen nur solche Zusatzstoffe verwenden, deren gesundheitliche Unbedenklichkeit bewiesen ist, also Emulgatoren, Enzyme und Ascorbinsäure (Vitamin C) sowie Aminsosäuren. Als Konservierungsstoff ist Sorbinsäure erlaubt.

Die verschiedenen Getreidearten

Wussten Sie, dass weltweit jährlich rund 1,9 Milliarden Tonnen Getreide geerntet werden und in Deutschland Brot nach dem Fleisch der zweitwichtigste Eiweißlieferant ist? Jeder Deutsche verzehrt im Jahr durchschnittlich 76 Kilogramm Getreide. Diese Menge verteilt sich folgendermaßen auf die verschiedenen Getreidearten:

- 71 Prozent Weizen
- 17 Prozent Roggen
- 6 Prozent Mais
- 3 Prozent Reis
- 2 Prozent Hafer
- 1 Prozent Gerste, Dinkel, Hirse und Buchweizen.

Brotbackautomaten faszinieren durch ihre einfache Handhabung.

Wie funktioniert eine Brotbackmaschine?

Der Umgang mit dem Brotbackautomaten ist ganz einfach und mühelos. Dennoch sollten Sie natürlich die Gebrauchsanweisung Ihres Gerätes genau lesen. Machen Sie sich mit den Eigenschaften, den Sicherheitsbestimmungen sowie dem Einmaleins der Rezepte bekannt.

Wenn Sie mit Ihrem Gerät vertraut sind und praktische Erfahrungen mit einigen Brottypen gesammelt haben, werden Sie wahrscheinlich in eine Art »Brotbackfieber« verfallen. Sie werden nicht nur alle Rezepte dieses Buchs nachbacken, sondern auch eigene Kreationen zusammenstellen.

Die Gerätewahl

Studieren Sie unbedingt die Sonderangebote in den großen Elektrodiscountmärkten – Brotbackautomaten erhalten Sie dort oft reduziert.

Es gibt mittlerweile Brotbackautomaten in verschiedenen Preisklassen von etwa 150 DM bis 500 DM. Überlegen Sie sich vor dem Kauf, wozu Sie Ihre Brotbackmaschine nutzen möchten: Werden Sie jeden Tag für Ihre große Familie ein Brot backen oder denken Sie eher daran, ab und zu sich selbst am Sonntag mit einem frischen Laib zu verwöhnen? Je nach Bedürfnis und Anforderung sollten Sie Ihre Maschine aussuchen.

Verschaffen Sie sich in jedem Fall einen Überblick über die verschiedenen Geräte. Die Größe des Brotbackautomaten ist ein erstes Entscheidungskriterium. Grundsätzlich gibt es zwei verschiedene Typen: Mit dem einen Modell erhalten Sie fertige Brote mit einem Gewicht zwischen 750 und 1000 Gramm, beim anderen können Sie Brot mit einem Gewicht von 1500 Gramm backen.

Die Qualität sollte letztendlich den Ausschlag bei Ihrer Kaufentscheidung geben, denn nur gute Maschinen, die auf Ihre Bedürfnisse abgestimmt sind, halten, was sie versprechen. Wie viele Geräte sind nicht schon im Keller gelandet, weil sie doch nicht so praktisch waren, wie man sich das eigentlich vorgestellt hatte …

Funktionen und Programme

Sämtliche Brote und Teige in diesem Buch sind mit dem neuen Modell SD-200 von Panasonic gebacken und gründlich geprüft worden. Selbstverständlich haben wir verschiedene Gerätetypen anderer Firmen wie Le Caf, Sony oder Unold getestet. Dabei stellten wir fest, dass sich die Geräte durch individuelle Designs, Benennung der Funktionen und Programme sowie geringfügige Backzeitenveränderungen unterscheiden. Es ist leicht, bei einem anderen Gerätetyp die anders bezeichnete Taste für die gleiche Funktion zu erkennen. In diesem Buch verwenden wir die Tasten- und Funktionsbezeichnungen nach dem Panasonic SD-200. Wenn Sie einen anderen Brotbackautomaten verwenden, sehen Sie am besten kurz in Ihrer Bedienungsanleitung nach, welche Knöpfe Sie – analog zu unseren Bezeichnungen – drücken müssen.

Lassen Sie sich nicht vom Design blenden. Wichtig ist vor allem, dass der Brotbackautomat funktionell und benutzerfreundlich ist.

Bei einer durchschnittlichen Familie von drei bis vier Personen reicht der Gerätetyp, mit dem man Brot bis zu 1000 Gramm backen kann, vollkommen aus. Die Mengenangaben der Rezepte in diesem Buch sind für Brote mit einem Gewicht von etwa 750 Gramm berechnet und eignen sich daher für diesen Typ.

Tips für übrig gebliebenes Brot

- Älteres Brot in der Küchenmaschine zu Paniermehl verarbeiten.
- Altes Brot portionsweise einweichen und unter Hackfleischgerichte mischen.
- Brot grob reiben und zum Überbacken verwenden.
- Für Käsefondues ein bis zwei Tage altes Brot aus dem Brotbackautomaten in mundgerechte Würfel schneiden und zum Dippen verwenden.
- Wenn Sie gleich abschätzen können, dass Sie das Brot nicht aufessen werden: Schneiden Sie das frische Brot in Scheiben und frieren Sie es ein.

Das exakte Auswiegen der Zutaten ist für ein gutes Gelingen der Brote unbedingt notwendig.

Die ersten Schritte

Mit der Zeitvorwahlmethode kann das Gerät nachts backen, während Sie schlafen. Frühmorgens haben Sie dann knackig frisches Brot.

1 Öffnen Sie den Deckel des Brotbackautomaten. Nehmen Sie die Backform heraus, indem Sie den Henkel nach links drehen.

2 Prüfen Sie, ob der Knethaken richtig eingesetzt ist. Streuen Sie die vorgeschriebene Menge Trockenhefe ein. (Einige Modelle haben ein spezielles Hefefach, in das man die Hefe gibt.)

3 Wiegen Sie die Brot- oder Teigzutaten ab und geben Sie sie unvermischt in die Backform. Achten Sie bei dem in diesem Buch beschriebenen Gerätetyp Panasonic SD-200 darauf, dass die Flüssigkeit zuletzt zugegeben wird.

4 Stellen Sie die Backform mit einer Rechtsdrehung in das Gerät und klappen Sie den Deckel herunter.

5 Entsprechend den Angaben Ihres Rezeptes tippen Sie auf dem digitalen Bedienfeld den Brot- oder Teigtyp an. Per Tastendruck haben Sie hier die Auswahl zwischen Normal, Vollwert oder Mehrkorn.

6 Auf der linken Seite des Bedienfeldes wählen Sie zwischen den Programmen Brot, Brot schnell, Rosinen-Brot, Teig oder Rosinen-Teig.

7 Durch das Wählen des Brot- oder Teigtyps und des Programms erscheint automatisch im Anzeigenfeld die erforderliche Zeit, innerhalb der das Brot gebacken wird.

8 Mit der Taste Zeitvorwahl können Sie eine längere Vorlaufzeit der Maschine wählen. Das eigentliche Brotbackprogramm schaltet sich erst nach einigen Stunden ein. Das ist beispielsweise sinnvoll, wenn Sie abends die Brotzutaten in die Maschine geben und zum Frühstück ein frisches Brot haben möchten. Stellen Sie in diesem Fall die Zeitvorwahl so ein, dass sich die Maschine erst nach einigen Stunden einschaltet. Beträgt die im Rezept angegebene Backzeit beispielsweise vier Stunden, stellen Sie die Zeitvorwahl so ein, dass sich der Brotbackautomat vier Stunden vor Ihrem Frühstück einschaltet. Beachten Sie bei dem Modell SD-200, dass die auf dem Display erscheinende Zeit die Backzeit enthält – das Brot ist also nach Ablauf der gewählten Zeitvorwahl bereits fertig gebacken.

9 Tippen Sie nun auf Start; das Programm läuft ab. Die Zeit auf dem Display läuft rückwärts.
10 Haben Sie das Programm Rosinen gewählt, ertönt nach einer bestimmten Zeit der Signalton der Maschine, und im Display blinkt »Zugabe«. Geben Sie nun die weiteren Zutaten (z. B. Körner, Früchte, Rosinen etc.) hinzu und schließen Sie wieder den Deckel.
11 Wenn das Brot fertig ist, hören Sie erneut den Signalton. Drücken Sie die Stop-Taste und ziehen Sie den Netzstecker heraus. Drehen Sie mit Topflappen oder Handschuh die Backform am Henkel heraus.
12 Stürzen Sie das Brot auf die Arbeitsfläche und lassen Sie es gut auskühlen.

Unterschiede bei den Geräten

Die meisten Geräte unterscheiden sich kaum in ihren Funktionen; je nach Hersteller sind diese aber unterschiedlich bezeichnet.

Backprogramme

haben bei den verschiedensten Herstellern unterschiedliche Namen. Bei genauer Betrachtung der Geräte erkennen Sie die Synonyme.

Nahezu alle Brotbackautomaten sind sehr leicht zu bedienen. Alles, was Sie tun müssen, ist, den Startknopf zu drücken, nachdem Sie die Zutaten eingefüllt haben.

Zugabe von Hefe

Bei der Panasonic SD-200 wird die Trockenhefe direkt in die Backform gegeben. Bei anderen Gerätetypen ist am Deckel des Automaten ein Hefefach angebracht. Beim Knetvorgang wird durch das Öffnen des Faches die Hefe automatisch in den Teig transportiert.

Zugabe von Flüssigkeiten

Bei der Panasonic SD-200 wird die Flüssigkeit zuletzt hinzugefügt. Bei Maschinen von Le Caf oder Unhold wird dagegen zuerst die Flüssigkeit in die Backform gegeben.

Aus Weizen wird das am meisten verwandte Mehl hergestellt.

Weizen, die älteste Kulturpflanze der Menschheit, gilt in der christlichen Tradition als Symbol für Geburt und Tod. Im antiken Griechenland war die Ähre ein Fruchtbarkeitszeichen.

Mehl – die Kraft aus dem Korn

Mehl, der Hauptbestandteil für die Herstellung von Broten und Teigen, wird aus Getreidekörnern gewonnen, die eine große Anzahl lebenswichtiger Nährstoffe für den Menschen enthalten. Während der Mehlkörper hauptsächlich aus Stärke besteht, ist der Keimling reich an Eiweiß, Fett, Vitaminen und Mineralstoffen. Die Randschichten des Korns liefern neben Vitaminen und Mineralstoffen große Mengen der wichtigen Ballaststoffe. Wer zweifelt da noch am Getreide als Grundbaustein unserer Ernährung?
Getreideprodukte sind also keineswegs nur Kohlenhydratelieferanten, als die sie oft vereinfachend bezeichnet werden, sondern wertvolle Bestandteile unseres Speisezettels.

Welche Mehlarten eignen sich?

Heutzutage wird fast nur noch Weizen- oder Roggenbrot gebacken; einige andere Getreidearten sind – zumindest bei den meisten Bäckern – beinahe in Vergessenheit geraten, obwohl sie mindestens genauso gesund sind.

Weizen

Von den vielen verschiedenen Mehlarten ist das Weizenmehl das beliebteste Mehl zum Backen. Es besitzt einen besonders hohen Anteil an Kleber, der für die elastische Beschaffenheit und die gute Struktur eines jeden Backwerks zuständig ist. Dieser Kleber besteht aus zwei Arten von Eiweiß, dem Gliadin und dem Glutelin. Während des Backvorganges quellen sie auf und verbinden sich zu Kleber, der den Teig lockert und gleichzeitig zusammenhält.

Roggen

Auch das Roggenmehl hat sich in der Backstube bewährt. Da es jedoch weniger Kleber enthält, wird es bevorzugt mit Sauerteig verarbeitet bzw. mit Weizenmehl vermischt.

Dinkel

Dinkel ist eine alte Weizenart, die bis in unser Jahrhundert hinein vor allem in Süddeutschland angebaut wurde. Er hat eine lockere Ähre, und seine Frucht ist von den Spelzen fest umschlossen. Auch Dinkel enthält den für das Backen wichtigen Kleber und ist zudem besonders mineralstoff- und vitaminreich.
Die Bedeutung des Dinkels nahm ab, als er vom leichter anzupflanzenden und ertragreicheren Weizen verdrängt wurde. Halbreif geernteter Dinkel wird als Grünkern bezeichnet, da er in diesem Stadium noch grün ist.

Alte Stadtnamen wie Dinkelsacker oder Dinkelsbühl mit seinen drei Dinkelähren im Stadtwappen weisen darauf hin, dass Dinkel lange Zeit vorwiegend in Süddeutschland angebaut wurde.

Hafer, Gerste, Mais, Buchweizen

Diese Getreidearten sind vorwiegend in der Vollwertküche anzutreffen. Aufgrund ihres zu geringen Kleberanteils können sie nie allein zum Brotbacken verwendet werden, sondern müssen immer mit kleberreichen Sorten gemischt werden. Reichlich Anregung zum »hauseigenen Mischen« finden Sie im Rezeptteil.

Die Mehltypen

Bei der Mehlherstellung wird entweder das ganze Korn oder nur ein Teil davon vermahlen. Man erhält auf diese Weise Schrot oder Typenmehl. Das Typenmehl wird je nach dem Grad seiner Ausmahlung noch weiter unterschieden.
Dieser sogenannte Ausmahlungsgrad gibt an, wie viel Prozent vom Ausgangsgetreide nach dem Mahlen noch verwendet werden. Je

höher der Ausmahlungsgrad ist, desto größer ist auch der Anteil an Schalen und Randschichten des Getreidekorns. Ist der Ausmahlungsgrad dagegen gering, ist das Mehl sehr hell, denn es enthält kaum Randbestandteile des Korns. Da in den Randschichten des Getreidekorns viele Ballast- und Mineralstoffe sowie Vitamine enthalten sind, ist Mehl mit einem hohen Ausmahlungsgrad gesünder als ein helles Mehl, bei dem hauptsächlich der stärkehaltige Kern vermahlen wurde.

Entsprechend diesem Ausmahlungsgrad wird Mehl mit einer bestimmten Typenzahl versehen. Diese Zahl gibt den mittleren Mineralstoffgehalt in Milligramm pro 100 Gramm Mehl an. Eine niedrigere Typenzahl bedeutet also einen niedrigeren Ausmahlungsgrad – Keimling und Randschichten wurden vom Mehlkörper getrennt, nur letzterer wurde verarbeitet. Im Klartext: helles, stärkehaltiges Mehl mit wenig Nährstoffen. Je höher dagegen die Typenzahl ist, desto mehr von den nährstoffreichen, unverbrennbaren Bestandteilen aus den Randschichten des Korns enthält das Mehl. Nur in diesem Fall kann man wirklich vom Mehl als wichtigem Grundnahrungsmittel für unsere Gesundheit sprechen.

Mehl wird nach dem Ausmahlungsgrad unterschieden: Niedrig ausgemahlene Mehle sind heller und stärkereicher, höher ausgemahlene Mehle eiweiß-, ballaststoff- und mineralstoffreicher.

Die bevorzugten Ausmahlungsgrade

- Weizenmehl Type 405 ist die gängigste und hellste Mehlsorte, aber sehr nährstoffarm. Ihr großer Vorteil ist die lange Haltbarkeit.
- Weizenmehl Type 550 hat bessere Backeigenschaften als Type 405, da es den höchsten Anteil an Klebereiweiß enthält.
- Weizenmehl Type 1050 ist noch gesünder und wird vor allem für kräftige, dunkle Brotwaren verwendet.
- Weizenmehl Type 1600 ist aus dem vollen Korn hergestellt und enthält alle wichtigen Bestandteile. Beim Backen wird es mit Sauerteig verarbeitet oder mit anderen Mehlsorten gemischt.
- Roggenmehl Type 1370 ist gut ausgemahlen und eignet sich für Roggen- und Mischbrote.

Vollkornmehle haben keine Typenbezeichnung, da sie sowieso aus dem ganzen Korn hergestellt wurden.

Brot besteht nicht nur aus Mehl

Je öfter Sie backen, desto mehr Varianten werden Sie ausprobieren wollen – eine andere Typenzahl, ein anderes Getreide, warum nicht auch mal ganze Körner dazugeben?
Um Brot herzustellen, können neben den Getreideerzeugnissen Wasser, Lockerungsmittel, Salz, Fette, Zucker, Milch und/oder Milcherzeugnisse, Kartoffelerzeugnisse, Gewürze, Trockenfrüchte, Ölsamen (z. B. Leinsamen, Hasel-oder Walnüsse), Keime und Backmittel verwendet werden.
Damit der Teig »aufgeht«, werden Backhefe und Sauerteige zugesetzt; diese bewirken Gärungs- und Säuerungsvorgänge. Der Sauerteig hat außerdem die Aufgabe, Aromastoffe zu bilden und die Backfähigkeit der Roggenmehle und -schrote sicherzustellen.

Hafer wird in Mitteleuropa seit der Bronzezeit angebaut. Vor allem in der germanischen Küche waren der Haferbrei und die »Hafergrütze« bei armen Leuten alltägliche Kost.

Ganze Körner

Im Handel werden Mischungen aus ganzen Körnern angeboten, oft als Fünfkorn- oder Siebenkornmischung. Geben Sie davon nicht mehr als 50 bis 70 Gramm in die Brotbackmaschine, da ansonsten die Maschine bei der Verarbeitung überfordert wird. Grundsätzlich sollten Sie die Körner einen Tag vorher einweichen.

Schrot

Unter Schrot versteht man die erste grobe Zerkleinerungsstufe von ganzen Körnern. Es kann aus allen gängigen Getreidesorten gewonnen werden und ist eine willkommene Zugabe im Backwerk.

Flocken

Alle Arten von Flocken wie Hafer- oder Weizenflocken sind zum Backen mit der Brotbackmaschine geeignet. Achten Sie jedoch darauf, nicht mehr als etwa 70 Gramm davon zuzugeben, da Sie sonst ein »Flockenbrot« bekommen.

Kandierte Früchte und Nüsse sind nur eine kleine Auswahl der Zutaten für köstliche Brote.

Was Sie dem Brot zugeben können

Wenn Sie Ihr eigenes Brot zusammenstellen, sollte die Zugabe von Früchten, Samen und Nüssen 50 bis 70 Gramm nicht überschreiten, um das Maschinenwerk nicht zu überlasten. Auch sollten Sie Körner oder Kornmischungen über Nacht einweichen, damit sie etwas aufschwemmen und weicher werden.
Bei sehr saftigen oder wasserhaltigen Früchten und Gemüsen sollten Sie die Flüssigkeitsmenge von Wasser oder Milch reduzieren. Drücken Sie auf jeden Fall auch die Früchte oder das Gemüse gut aus, bevor Sie sie in die Brotbackmaschine geben.

Früchte

Als Zugaben eignen sich besonders: klein geschnittene entkernte Kirschen und Pflaumen, Apfelstücke, Bananen; Trockenfrüchte wie Feigen, Aprikosen, Datteln, Korinthen oder Sultaninen.

Was Sie Ihrem Brot auf keinen Fall zusetzen sollten, sind chemische Konservierungsstoffe, Schimmelbekämpfungsmittel oder oxydierende Zusatzstoffe.

Gemüse

Geben Sie Ihrem Brot geschälte, entkernte Salatgurken oder Zucchini, Tomatenmark und -saft, Möhren, Paprikaschoten, Chilischoten, Paprikamark, Lauch, Frühlingszwiebeln, vegetarische Pflanzenpasten oder -brotaufstriche, Gemüsesäfte, Zwiebeln oder Knoblauch zu.

Samen und Körner

Mischen Sie sich Ihre Variationen selbst oder greifen Sie auf fertige Mischungen zurück: Fünfkornmischung, Siebenkornmischung oder Mehrkornmischung. Gut dazu passen Sonnenblumenkerne, Leinsamen, Mohn und Sesam.

Nüsse

Es eignen sich beinahe alle Sorten: Mandeln, Paranüsse, Pekannüsse, Erdnüsse, Walnüsse, Pinienkerne, Pistazien, Cashews oder Macadamianüsse. Eine ungewöhnliche Idee: Geben Sie etwas Studentenfutter dazu!

Wurst und Käse

Wählen Sie geschmacksintensive, nicht zu fette Sorten, z. B. Salami, Debrecziner, Chorizowürstchen, geräucherten und gekochten Schinken oder geraspelten Käse.

Verschiedene Gewürze und Kräuter haben eine nachgewiesene Heilwirkung. Thymian und Anis beispielsweise sind entzündungshemmend, Rosmarin wirkt kreislaufanregend.

Brot – raffiniert gewürzt …

Brot muss nicht jeden Tag gleich schmecken. Mit einer gewissen Neugier auf neue Geschmacksvariationen können Sie immer wieder interessante Gewürznoten hervorzaubern. Der Bauch freut sich auch, denn Gewürze sind nicht nur schmackhaft, sondern fördern die Verdauung und helfen bei Blähungen. Wohltuende Wirkung versprechen besonders Fenchel und Kümmel. Fenchel wird in der Naturmedizin auch traditionell gegen Husten und Erkältungskrankheiten angewendet. Aber natürlich können Sie sich auch ganz andere Gewürze besorgen, beispielsweise Anis, Koriander, Estragon, Dill, Bohnenkraut oder Thymian.
Achten Sie darauf, die Gewürze unzerkleinert zu kaufen. Beim Zerdrücken oder Zerquetschen der Samen und Körner kommt nämlich das volle Aroma erst zur Geltung bzw. die ätherischen Öle werden besser freigesetzt. Kaufen Sie die Gewürze bereits zerkleinert, haben sie meist eine geringere aromatische Wirkung.
Kaufen Sie Gewürze grundsätzlich nur in kleinen Mengen. Da das Aroma vieler Gewürze bei längerer Lagerung verfliegt, sollten Sie die Gewürze grundsätzlich nur in kleinen Mengen zu Hause lagern. Oft bekommen Sie sie auch grammweise in der Apotheke.

… und länger haltbar

Die in vielen Gewürzen enthaltenen ätherischen Öle können das Haltbarkeitsdatum von Broten verlängern. Allerdings sollten Sie mit den Gewürzen nicht verschwenderisch umgehen: Setzen Sie im Durchschnitt pro 750 Gramm Laib Brot maximal ein bis zwei Teelöffel an Gewürzen zu.

Vermeiden Sie nach Möglichkeit einen wilden Gewürzmix in Ihren Broten – Sie tun dem Geschmack damit keinen Gefallen. Verteilen Sie die Gewürze lieber auf mehrere Brote.

Gewürzanregungen

- Sternanis: 1/2 bis 1 TL schmeckt nicht nur gut, sondern ist auch wohltuend für die Verdauung.
- Kreuzkümmelsamen: verleiht Ihrem Brot einen Geschmack à la arabischer oder indischer Küche. Geben Sie 1 TL dazu.
- Zerdrücken Sie 1 TL Senfsamen mit 1 TL Olivenöl im Mörser: Senföl wirkt keimtötend und verlängert die Haltbarkeit der Speisen.
- Frisch geschabter oder getrockneter Ingwer (1 TL für einen Laib) regt die Verdauung an.
- Geben Sie 1/4 TL Cayennepfeffer in Ihr Brot; der Inhaltsstoff Capsaicin bewirkt die Schärfe.
- Pfeffer: Geben Sie 2 TL schwarze oder weiße Pfefferkörner in ein Sieb und tauchen Sie sie für 1/2 Minute in kochendes Wasser (dadurch wird dem Pfeffer etwas die Schärfe genommen). Anschließend mit Küchenkrepp trockentupfen und im Mörser zerdrücken. Grüner Pfeffer ist etwas milder und kann eingelegt oder getrocknet verwendet werden.
- Nelkenpfeffer oder Piment ist zwar verwandt mit dem Pfeffer, erinnert geschmacklich aber eher an Gewürznelken. Die ganzen Körner im Mörser zerdrücken.
- Geben Sie 1/4 TL frisch geschabte Bourbonvanille aus Vanilleschoten an Ihr Brot. Das ist zwar teurer als künstliches Vanillearoma, doch der Geschmack wird Sie vollends entschädigen.
- Thymian gilt als natürliches Antibiotikum; viele natürliche Antihustenmittel enthalten dieses Gewürz.

Qualität vor Quantität

Sie werden schnell feststellen, dass Ihre Brote unterschiedlich groß ausfallen. Das liegt jedoch nicht an Ihrer Brotbackmaschine, sondern in erster Linie an den Zutaten bzw. den Mehlen. Je dunkler die Mehlsorten, umso niedriger wird im Allgemeinen das Brot. Es zeigt dann eine stark verdichtete Struktur.
Je heller die Mehlsorten sind, die Sie verwenden, umso mehr Kleber ist vorhanden, der das Brot höher werden lässt. Das Brot bekommt eine lockere Beschaffenheit sowie eine feine Struktur.
Ein großes Brot ist also kein Qualitätsmerkmal, und genauso wenig ist ein kleines Brot ein Zeichen schlechter Qualität. Seien Sie also nicht enttäuscht, wenn Ihr Brot nur halb so groß wie die Backform ist – Qualität geht vor Quantität!

Achten Sie darauf, dass der Teig eine gleichmäßige Struktur zeigt und eine seidig-schimmernde Oberfläche aufweist.

Die häufigsten Backfehler

Ist das Backresultat dennoch unbefriedigend, so liegt meist ein Missverhältnis zwischen Flüssigkeit und Mehl vor. Ist das Brot zu stark eingefallen oder ist es zu stark aufgegangen, liegt das in beiden Fällen meist daran, dass Sie zu viel Flüssigkeit oder zu viel Trockenhefe verwendet haben. Brot, das innen klebrig ist, ist auf zu wenig Mehl oder zu viel Flüssigkeit zurückzuführen. Das kann bereits bei geringfügiger Abweichung von den Mengenangaben passieren. Seien Sie deshalb beim Abmessen der Mengen besonders sorgfältig!

Die richtige Lagerung

Brot – egal ob gekauft oder selbst gebacken – lagert man am besten in einem belüfteten Speiseschrank oder in einem luftigen Vorratsraum. Lediglich an sehr heißen Tagen kann man es vorübergehend im Kühlschrank aufbewahren. Übrigens: Selbst gebackenes Brot schimmelt nicht so schnell.

Hochwertige Zutaten sind eine Voraussetzung für gutes Brot.

Backlexikon von A bis Z

Abmessen

Die Zutaten müssen sehr genau abgemessen werden, denn ein bisschen zu viel oder zu wenig kann das gute Backergebnis schmälern.

Anschneiden

In den Bedienungsanleitungen der verschiedensten Brotbackautomaten wird eine Abkühlzeit des Brotes von etwa 20 Minuten empfohlen. Aus eigenen Erfahrungen möchten wir eine längere Wartezeit von mindestens einer Stunde empfehlen. Das Brot ist kurz nach dem Stürzen aus der Backform noch zu weich, um in schöne, gleichmäßige Scheiben geschnitten werden zu können.

Es ist durchaus normal, wenn das Brot eine halbe Stunde, nachdem Sie es aus der Maschine genommen haben, immer noch keine feste Kruste hat. Bei manchen Broten dauert die Krustenbildung bis zu einer Stunde.

Backende

Sobald der Signalton ertönt, ist das Brot fertig. Grundsätzlich sollte der Brotbackautomat so programmiert sein, dass Sie die Stop-Taste betätigen und den Netzstecker herausziehen können. Sollte dies einmal nicht der Fall sein (weil das Brot beispielsweise eine Stunde, bevor Sie aufstehen, fertig ist), kann es in seltenen Fällen vorkommen, dass sich das fertige Brot aus der Form etwas schwerer herauslösen lässt.

Backferment

Ein trockenes Granulat auf der Basis von Getreide und Honig, das in Reformhäusern und Naturkostläden erhältlich ist. Ein anderer Name für Ferment ist übrigens Enzym.

Backform

Das Brot aus der Panasonic-Maschine ist einem gängigen Vierkantbrot nachempfunden. Es gibt auch Maschinen, die eine runde Brotbackform haben.

Programmieren Sie abends das Gerät auf fünf Uhr morgens und vormittags auf 16 Uhr nachmittags. So hat das Brot bis zum Frühstück beziehungsweise zum Abendbrot genügend Zeit zum Auskühlen.

Backmischung, fertige

Sie kann für die automatische Brotbackmaschine verwendet werden. Backmischungen erhalten Sie in Reformhäusern und mittlerweile auch häufig schon in Supermärkten. Es gibt sie von den verschiedensten Firmen und in unterschiedlichen Zusammensetzungen – probieren Sie aus, welche Ihnen am besten schmeckt.

Backpulver

Grundsätzlich kann Backpulver verwendet werden. Für Leute, die Backpulver nicht mögen oder darauf allergisch reagieren, sind Sauerteigbrote empfehlenswert. In den Rezepten wird jedoch in der Regel Trockenhefe verwendet, die besonders leicht zu lagern und zu dosieren ist.

Brotvielfalt

Um Ihre Brotbackmaschine optimal auszunutzen und viel Freude daran zu haben, sollten Sie immer wieder neue Brotvarianten backen. Zum Beispiel können Sie abends das Brot für das Frühstück programmieren.

Der Sauerteig war im frühen Judentum Symbol der geistigen Verderbnis und der Unreinheit. Opferbrote, die man den Göttern darbrachte, mussten deshalb ungesäuert sein (»Fest der ungesäuerten Brote«).

Eier

Durch die Zugabe von Eiern werden Brot und Gebäck lockerer. In unseren Rezepten verwenden wir grundsätzlich Eier der Größe M. Bei einer Vorprogrammierung von acht bis dreizehn Stunden sollte man aber keine Eier zugeben.

Fette

Sie werden in Form von Butter, Margarine und Öl hinzugefügt. Fette geben dem Gebäck nicht nur den besonderen Geschmack, sondern lockern den Teig, wodurch das Backprodukt in seiner Struktur feiner und ernährungsphysiologisch wertvoller wird.

Hefe

Ein Trieb- und Lockerungsmittel für die Herstellung von Back- und Gebäckwaren. Hefe ist ein kleiner Pilz, der zur Vermehrung und zum Wachstum Nährstoffe, Feuchtigkeit und die richtige Temperatur braucht. Die optimale Entwicklung des Hefepilzes findet bei einer Temperatur von 22 bis 32 °C statt, ab 45 °C stirbt er ab.
Ein Tip: Frische Hefe lässt sich einfrieren und nach dem Auftauen zum Backen verwenden.
Die meisten Brotrezepte für den Brotbackautomaten werden mit Trockenhefe hergestellt, die in Lagerung und Verwendung sehr unkompliziert ist. Da es für die Entwicklung der Hefebakterien nicht förderlich ist, dass die Hefe gleich zu Beginn mit Salz in Berührung kommt, sollten Sie die Trockenhefe zusammen mit dem Zucker auf den Boden der Brotbackmaschinen geben. Das Salz geben Sie am besten ganz zum Schluss auf das Mehl.
Sie können jedoch auch normale Hefe verwenden: Geben Sie diese zerkleinert als letzte Zutat in die Brotbackmaschine. Da sie nicht mit dem Salz in Berührung kommen darf, sollten Sie, falls Sie frische Hefe verwenden, das Salz – entgegen der Rezeptangaben – zuerst in den Brotbackautomaten geben.

Wenn Sie Hefe, die Sie eingefroren haben, zum Backen verwenden möchten, sollten Sie sich vergewissern, dass die Hefe ganz aufgetaut ist. Andernfalls kann das Brot misslingen.

Maßangaben

Alle Maßangaben in den folgenden Rezepten sind folgendermaßen abgekürzt: TL steht für einen gestrichenen Teelöffel und EL für einen gestrichenen Esslöffel. Wenn Sie mit der Panasonic SD-200 backen, können Sie auch den mitgelieferten Messlöffel verwenden.

Reinigung

Der Brotbackautomat soll gemäß der Bedienungsanleitung regelmäßig gründlich gesäubert werden. Die Teile dürfen keinesfalls in die Spülmaschine gegeben werden.

Salz

Salz gibt dem Teig guten Geschmack und verstärkt die Krume des Brotes. Achten Sie darauf, dass das Salz nicht mit der Hefe in Berührung kommt, denn es bremst die Backeigenschaft der Hefebakterien.

Sauerteig

Er dient als Lockerungsmittel für schwere Teige wie z. B. Roggenteige. Der fein säuerliche Geschmack wird durch den Vergärungsvorgang durch Essig- und Milchsäurebakterien hervorgerufen. Fertigen Sauerteig gibt es beim Bäcker oder im Reformhaus. Für die verschiedenen Sauerteigrezepte in diesem Buch haben wir flüssigen Fertigsauerteig von Seitenbacher und Trockenextrakt von Vitam verwendet.

Mit dem Brotbackautomaten »zaubern« Sie ganz auf die Schnelle Ihr eigenes, gesundes Brot – mit genau den Zutaten, die Ihnen schmecken.

Sauerteig selbst herstellen

1/2 Würfel (21 g) frische Hefe in eine Schüssel bröseln und 400 ml lauwarmes Wasser zugeben. Diese Mischung so lange rühren, bis sich die Hefe aufgelöst hat. 300 g Mehl hinzufügen und das Ganze gründlich verrühren. Die Schüssel mit einem Küchentuch abdecken, und den Sauerteigansatz bei Zimmertemperatur drei bis fünf Tage stehen lassen.

Trockenhefe → Hefe

Vollkornbrote

Vollkornbrote enthalten im Gegensatz zu anderen Broten die Randschichten und den Keimling des Korns. Sie haben deshalb einen höheren Sättigungswert als helle Brote.

Brote, die ganz oder überwiegend aus Vollkornmehl bestehen, sind aufgrund ihrer festeren Teigstruktur oft nur halb so groß wie z. B. Brote aus Weizenmehl.
Grundsätzlich kann man zwischen Weizenvollkornbroten und Roggenvollkornbroten unterscheiden. Letztere bestehen aus mindestens 90 Prozent Roggenvollkornerzeugnissen und sind bei richtiger Lagerung bis zu zwölf Tagen haltbar.

Zeitvorwahl

Mit der Zeitvorwahl können Sie Ihre Maschine so programmieren, dass der Backvorgang erst einige Stunden nach dem Anschalten einsetzt – was den Vorteil hat, dass Sie beispielsweise nicht mitten in der Nacht aufstehen müssen, um den Brotbackautomaten anzustellen. Wenn Sie leicht verderbliche Lebensmittel wie flüssigen Sauerteig, geschnittenes Obst und Gemüse oder Milchprodukte verwenden, sollten Sie nicht zu lange vorprogrammieren.

Zimmertemperatur

Die Brote gelingen am besten, wenn Sie die Brotbackmaschine bei Zimmertemperatur von etwa 18 bis 24 °C in Betrieb nehmen.

Zucker

Zucker ist der wichtigste Nährstoff für die Hefebakterien und muss somit in jedes Hefebrot oder -gebäck. Sie können ihn jedoch nach Belieben auch durch Ahornsirup, Honig, Zuckerrübensaft oder brauen Zucker ersetzen.

Zugabe von Nüssen und Früchten

Sie können Ihrem Brot auch verschiedene Nüsse oder Früchte beimischen. Geben Sie diese gleich zu Beginn in die Maschine, werden sie mit dem übrigen Teig geknetet und verarbeitet. Das hat zur Folge, dass sie sehr stark zerkleinert werden. Nüsse beispielsweise können fast zermahlen werden. Möchten Sie lieber kleine Stücke in Ihrem Brot, empfiehlt es sich, Nüsse und Früchte später zuzugeben (z. B. mit Hilfe des Programms »Rosinen«).

Achten Sie unbedingt darauf, die Zutaten immer in der im Rezept angegebenen Reihenfolge in die Brotbackmaschine zu geben.

Zutaten, Temperatur

Die Zutaten zum Brotbacken müssen Zimmertemperatur haben. Wenn Sie mit der Zeitvorwahl arbeiten, können Sie die Zutaten auch direkt aus dem Kühlschrank in die Brotbackmaschine geben, denn bis zum Backbeginn nehmen die Zutaten Zimmertemperatur an.

Zu den Rezepten

Alle folgenden Brotrezepte sind für einen Brotlaib mit einem Gewicht von etwa 750 Gramm (im gebackenen Zustand) berechnet. Je nach Zutaten kann der Laib jedoch etwas größer oder kleiner ausfallen.

Folgende Abkürzungen werden verwendet:

TL = Teelöffel	EL = Esslöffel
g = Gramm	l = Liter
ml = Milliliter	

Mischbrote

Grahambrot

Brot/Teigtyp Normal
Programm Brot

Zutaten

1½ TL Trockenhefe
150 g Grahammehl Type 1700
300 g Weizenmehl Type 550
50 g eingeweichter Weizenschrot
1 TL Zucker
1 TL Salz
1 EL Öl oder Butter
320 ml Wasser

Zum Grahambrot passen: Käse und Schinken, Brotaufstriche, Marmeladen und Waldhonig. Auch Obazda (siehe Seite 29), schmeckt gut dazu.

Das Grahambrot ist nach dem amerikanischen Arzt Samuel Graham (1794–1851) benannt. Das ursprüngliche Rezept verzichtete auf Hefe und Salzzusatz.

Katenbrot aus Schleswig-Holstein

Brot/Teigtyp Normal
Programm Brot

Zutaten

1 TL Trockenhefe
300 g Weizenmehl Type 1050
150 g Roggenmehl Type 1150
1 TL Zucker oder Honig
1 TL Salz
1 EL zerstoßener Kümmel
1 EL Butter
20 g gehackte Haselnüsse
150 g Magermilchjoghurt
1 TL Aceto Balsamico
170 ml Wasser

Zum Katenbrot aus Schleswig-Holstein passen: Fischsalate, z. B. Matjessalat (siehe Seite 29), geräucherte Fischwaren, Suppen.

Roggenbrot mit Leinsamen

Brot/Teigtyp Normal
Programm Brot

Zutaten

1½ TL Trockenhefe
350 g Weizenmehl Type 1050
150 g Roggenvollkornmehl
40 g eingeweichter Roggenschrot
1 TL Backpulver
1 EL Zuckersirup
1 TL Aceto Balsamico
1 TL mittelscharfer Senf
1 TL Kümmelpulver
1½ TL Salz
2 EL Distelöl
2 EL Leinsamen
1 EL Kürbiskerne
3 EL flüssiger Sauerteig
320 ml Wasser

Zum Roggenbrot mit Leinsamen passen: Eiersalat, bunte Gemüse- und Blattsalate, verschiedene Buttermischungen. Marinierte Paprikastücke (siehe Seite 30) schmecken besonders gut dazu. Ebenso deftige Brotaufstriche und originelle Suppen, beispielsweise die Kalte Gemüsesuppe aus Spanien (siehe Seite 31).

Weizenmaisbrot

Brot/Teigtyp Normal
Programm Brot

Zutaten

1 TL Trockenhefe
3 EL Sonnenblumenöl
1 Ei
3 EL Quark 20 % F.i.Tr.
1 TL Meersalz
1 Messerspitze Safran
300 g Weizenmehl Type 550
100 g Maisgrieß
100 ml Wasser
150 ml Milch

Zum Weizenmaisbrot passen: vegetarische Brotaufstriche, Quark, Frischkäse, Fleischsalat, Salate und Suppen oder ein pflanzliches Schmalz aus dem Reformhaus, wie z. B. Holsteiner Liesel. Bunter Käse-Wurst-Salat (siehe Seite 30) schmeckt besonders gut dazu.

Mehrkornbrot

Brot/Teigtyp Normal
Programm Brot

Zutaten

1 1/2 TL Trockenhefe
4 EL Mehrkornmischung
300 g Weizenmehl Type 550
180 g Roggenmehl Type 1150
1 EL Zucker
1 TL Salz
1 EL Butter
300 ml Wasser

Zum Mehrkornbrot passen: verschiedene Fleisch-, Fisch- oder Gemüsesalate, kräftige Suppen.

Fünfkornbrot mit Sonnenblumenkernen

Brot/Teigtyp Normal
Programm Brot

Zutaten

1 TL Trockenhefe
4 EL Fünfkornmischung
320 g Weizenmehl Type 550
180 g Roggenmehl Type 1150
20 g Sonnenblumenkerne
1 EL Zucker
1 TL Salz
1 EL Butter
2 TL Trüffelöl
200 ml Wasser
100 g Magermilchjoghurt

Beim Mehrkornbrot können Sie die Mehlanteile zu Gunsten des Roggenmehls variieren. Die Kalte Gemüsesuppe aus Spanien (siehe Seite 31) schmeckt besonders gut zum Mehrkornbrot.

Als Kleie bezeichnet man die beim Schälen des ganzen Korns anfallenden zerkleinerten Schalenteile mit Keimlingen; sie enthalten besonders viele Mineralien und Vitamine.

Rechte Seite: Pfälzer Weinbrot schmeckt besonders zu deftigen Beilagen und zu einem Glas guten Wein.

Zum Fünfkornbrot passen: kernige Brotaufstriche, Schokoladencreme, Blütenmischhonig und Marmeladen. Salate und Suppen schmecken besonders gut dazu. Auch gebratene oder gekochte Würstchen.

Kleiebrot

Brot/Teigtyp Normal
Programm Brot

Zutaten

1 1/2 TL Trockenhefe
300 g Weizenmehl Type 1050
150 g Weizenkleie
1 TL Zucker
1 TL Salz
150 g Buttermilch
150 ml Wasser

Zum Kleiebrot passen: Pflaumenmus, Trockenfrüchteaufstrich, Honig (z. B. Akazienhonig) oder eine cremige Gemüsesuppe. Käsesuppe aus Italien (siehe Seite 32) schmeckt besonders gut dazu.

Mischbrot mit Roggen

Brot/Teigtyp Normal
Programm Brot

Zutaten

1 1/2 TL Trockenhefe
300 g Weizenmehl Type 550
150 g Roggenvollkornmehl
1 TL Zucker
1 TL Salz
1 EL Öl
150 g Magermilchjoghurt
150 ml Wasser

Zum Mischbrot mit Roggen passen: gebratene oder gekochte Würste, Gemüsegerichte mit viel Sauce oder vegetarische Brotaufstriche.

Pfälzer Weinbrot

Brot/Teigtyp Normal
Programm Brot

Zutaten

1 1/2 TL Trockenhefe
250 g Weizenmehl Type 550
250 g Roggenvollkornmehl
1 1/2 TL Salz
1 TL brauner Zucker
30 g Sonnenblumenkerne
20 g gehackte Walnüsse
1 EL Pflanzenöl
140 ml Pfälzer Weißwein
160 ml Wasser
1 EL Aceto Balsamico

Zum Pfälzer Weinbrot passen: gut gekühlter Federweißer oder Apfelwein, roher Schinken, eine Käseplatte, z. B. hessischer Handkäs mit Musik.

Mischbrot

Brot/Teigtyp Normal
Programm Brot

Zutaten

1 TL Trockenhefe
250 g Weizenmehl Type 550
100 g Weizenmehl Type 1050
100 g Roggenmehl Type 1150
1 TL Zucker
1 TL Salz
30 g Kürbiskerne
1 EL Butter
150 g Magermilchjoghurt
200 ml Wasser

Zum Mischbrot passen: verschiedene Buttersorten, Marmeladen, Blütenmischhonig. Garnelen in heißem Knoblauchöl (siehe Seite 32) und der Überbackene Spinatbelag (siehe Seite 33) schmecken besonders gut dazu.

Sonnenblumenkerne sind wegen ihres hohen Gehalts an Linolsäure ernährungsphysiologisch äußerst hochwertig. Falls Ihnen die vier Esslöffel im Sonnenblumenbrot zu wenig sind, erhöhen Sie die Menge versuchsweise.

Sonnenblumenbrot

Brot/Teigtyp Normal
Programm Brot

Zutaten

1 TL Trockenhefe
350 g Weizenmehl Type 550
100 g Weizenmehl Type 1050
1 TL Zucker
1 TL Salz
1 EL Butter
4 EL Sonnenblumenkerne
320 ml Wasser

Tip: Nach Belieben Sonnenblumenkerne in einer ungefetteten Pfanne leicht rösten, erst dann in die Brotbackmaschine geben.

Zum Sonnenblumenbrot passen: Kräuterquark, Erdnusspaste, Butter und frische Kräuter, verschiedene Marmeladen. Der Körneraufstrich (siehe Seite 33) schmeckt besonders gut dazu.

Weizenmischbrot

Brot/Teigtyp Normal
Programm Brot

Zutaten

1 TL Trockenhefe
200 g Weizenmehl Type 550
150 g Weizenmehl Type 1050
100 g Roggenvollkornmehl
1 TL brauner Zucker
1 TL Salz
1 EL Öl
150 g Magermilchjoghurt
170 ml Wasser
1 EL Aceto Balsamico

Zum Weizenmischbrot passen: Rettichscheiben, Radieschen, bunte Salate, Griebenschmalz, Butter und Käse.

Das passt zu Mischbroten

Obazda

Passt besonders gut zu **Grahambrot** (Seite 24).

Zutaten für 4 Personen

500 g reifer Camembert
4 EL Sahne
50 g zimmerwarme Butter
1 kleine Zwiebel
Salz
schwarzer Pfeffer
1 Messerspitze edelsüßes Paprikapulver

⏲ 20 Minuten ohne Kühlzeit
Kalorien: 498 kcal/Person

Zubereitung

1 Den Camembert klein schneiden und in einer Schüssel mit Sahne und Butter cremig rühren.
2 Die Zwiebel schälen, fein würfeln und unter die Käsecreme mischen. Mit Salz und Pfeffer würzen. Den Obazd'n in eine Schüssel füllen, abdecken und mindestens eine Stunde kühl stellen. Zum Servieren mit Paprikapulver bestäuben.

Besonderer Hinweis: Der Obazde ist eine bayerische Spezialität, die in keinem Biergarten fehlt.

Matjessalat

Passt besonders gut zu **Katenbrot aus Schleswig-Holstein** (Seite 24)

Zutaten für 4 Personen

6 küchenfertige Matjesfilets
200 g Rote Bete (aus dem Glas)
2 kleine Äpfel (Boskop)
2 Essiggurken
1 Zwiebel
400 g saure Sahne
schwarzer Pfeffer, Salz
1 Prise Zucker

⏲ 30 Minuten
Kalorien: 421 kcal/Person

Zubereitung

1 Die Matjesfilets kalt abspülen, trockentupfen und quer in etwa zwei Zentimeter breite Streifen schneiden. Die Roten Bete in Streifen schneiden.
2 Die Äpfel schälen, entkernen und in kleine Stücke schneiden.
3 Die Essiggurken in Streifen schneiden und Zwiebel zugeben.
4 In einer Schüssel die saure Sahne mit den vorbereiteten Zutaten locker vermengen.
5 Mit Salz, Pfeffer und Zucker abschmecken.

Der Matjes (niederländisch »Mädchenhering«) ist ein junger, noch nicht geschlechtsreifer Hering; diese Delikatesse ist vor allem an der Ostküste Schottlands und Irlands zu Hause.

Statt des Schnittlauchs können Sie beim Käse-Wurst-Salat auch Petersilienblätter verwenden. Der Vitamin-C-Gehalt bleibt in etwa gleich.

Marinierte Paprikastücke

Passen besonders gut zu **Roggenbrot mit Leinsamen** (Seite 24).

Zutaten für 4 Personen

4 verschiedenfarbige Paprikaschoten
1 Zwiebel
6 EL Olivenöl
4 EL Aceto Balsamico
Salz
Schwarzer Pfeffer
2 EL frisch gehacktes Basilikum
etwas Zitronensaft

⏱ 60 Minuten
Kalorien: 189 kcal/Person

Zubereitung

1 Die Paprikaschoten waschen, halbieren und entkernen. Mit den Schnittflächen auf ein Backblech legen und in den vorgeheizten Backofen bei 220 °C schieben.

2 Sobald die Paprikahäute bräunliche Flecken zeigen und Blasen werfen, herausnehmen. Die Häute abziehen und die Paprikahälften in Streifen schneiden.

3 Die Zwiebel abziehen und klein würfeln. Aus den Zwiebelwürfeln, Olivenöl, Essig, Salz, Pfeffer und Basilikum eine Marinade rühren. Zusammen mit den Paprikastreifen locker vermengen. Abdecken und im Kühlschrank einige Stunden durchziehen lassen. Mit Zitronensaft beträufelt servieren.

Besonderer Hinweis: Paprikaschoten enthalten viel Vitamin C. Zwei kleine Streifen einer Schote decken nach neuesten Erkenntnissen bereits den Tagesbedarf an diesem Vitamin.

Bunter Käse-Wurst-Salat

Passt besonders gut zu **Weizenmaisbrot** (Seite 25).

Zutaten für 4 Personen

150 g Fleischwurst
150 g Schnittkäse
1/2 Salatgurke
4 kleine Tomaten
1 große Zwiebel
5 EL Pflanzenöl
4 EL Essig
Salz
schwarzer Pfeffer
1 Bund Schnittlauch

⏱ 30 Minuten
Kalorien: 399 kcal/Person

Zubereitung

1 Die Fleischwurst sowie den Käse in dünne Streifen schneiden. Die Salatgurke schälen, der Länge nach halbieren und quer in dünne Scheiben schneiden.

2 Die Tomaten waschen und in Viertel schneiden. Die Zwiebel abziehen, halbieren und in Streifen schneiden.

3 Aus Öl, Essig, Salz und Pfeffer eine Marinade rühren. Zusammen mit den vorbereiteten Zutaten und den Schnittlauchröllchen locker vermengen. Nochmals abschmecken und servieren.

Kalte Gemüsesuppe aus Spanien

Passt besonders gut zu **Mehrkornbrot** (Seite 25).

Zutaten für 4 Personen

1 kg Tomaten
2 rote Paprikaschoten
1 grüne Paprikaschote
1 Zwiebel
2 Knoblauchzehen
4 Weißbrotscheiben
Salz
schwarzer Pfeffer
6 EL Olivenöl
5 EL Essig
100 g Oliven mit Paprikafüllung

⌚ 40 Minuten ohne Kühlzeit
Kalorien: 346 kcal/Person

Zubereitung

1 3/4 der Tomaten grob zerschneiden. Die restlichen blanchieren, häuten, entkernen und in kleine Würfel schneiden.

2 Die roten Paprikaschoten säubern, halbieren, entkernen und in grobe Stücke schneiden. Die grüne Paprikaschote säubern, halbieren, entkernen und in kleine Würfel schneiden.

3 Die Zwiebel abziehen und fein würfeln. Die Knoblauchzehen schälen und mit etwas Salz im Mörser zerreiben. Die Weißbrotscheiben entrinden und in kleine Stücke schneiden.

4 In einem Küchenmixer Tomaten, Paprikastücke, Knoblauch, Weißbrot, Olivenöl und Essig fein pürieren. Durch ein Sieb streichen und mit Salz und Pfeffer abschmecken. Abdecken und für etwa zwei Stunden kalt stellen.

5 Paprika- und Tomatenstücke, Oliven sowie die Zwiebelwürfel zur kalten Suppe reichen.

Besonderer Hinweis: Manche Menschen bekommen von grünen Paprikaschoten Aufstoßen. In diesem Fall können Sie auch eine gelbe Schote nehmen. Übrigens schmeckt die Suppe auch warm.

Natürlich schmeckt die Kalte Gemüsesuppe auch hervorragend zu anderen Brotsorten, z. B. zum Roggenbrot mit Leinsamen oder zum Katenbrot aus Schleswig-Holstein (siehe beide Seite 24).

Wenn Sie es nicht ganz so scharf mögen, können Sie für die Garnelen anstatt der Chilischote auch eine Paprikaschote (sehr vitaminreich!) nehmen.

Käsesuppe aus Italien

Passt besonders gut zu **Kleiebrot** (Seite 26).

Zutaten für 4 Personen

20 g Butter
4 Scheiben entrindetes Mehrkornbrot (oder eine andere Brotsorte nach Belieben)
4 Eier
150 g frisch geriebener Parmesankäse
knapp 1 l heiße Fleisch- oder Gemüsebrühe

⌚ 30 Minuten
Kalorien: 438 kcal/Person

Zubereitung

1 Den Backofen auf 200 °C mit Grillstufe vorheizen. In einer Pfanne Butter heiß schäumend erhitzen und darin die vier Scheiben Brot auf beiden Seiten knusprig rösten.

2 Vier feuerfeste Suppenterrinen mit den Brotscheiben belegen. Darauf je ein Ei schlagen und mit Parmesankäse bestreuen.

3 Mit heißer Suppe aufgießen und die vier Terrinen in das vorgeheizte Backrohr stellen.

4 Sobald der Käse zerschmolzen ist, die Suppe nach Möglichkeit sofort servieren.

Garnelen in heißem Knoblauchöl

Passen besonders gut zu **Mischbrot** (Seite 28).

Zutaten für 4 Personen

500 g geschälte Garnelen
1 rote Chilischote
8 Knoblauchzehen
Salz
schwarzer Pfeffer
200 ml Olivenöl

⌚ 30 Minuten
Kalorien: 598 kcal/Person

Zubereitung

1 Die Garnelen am Rücken entlang einschneiden, entdarmen und gründlich waschen. Mit einem Küchenkrepp trockentupfen.

2 Die Chilischote säubern, entkernen und fein hacken. Die Knoblauchzehen schälen und in Scheibchen schneiden.

3 In einer Pfanne etwas Olivenöl erhitzen und darin die Chiliwürfel sowie die Knoblauchzehen leicht rösten. Die Garnelen hinzufügen und einige Male durchschwenken. Mit Salz und Pfeffer würzen.

4 Den Pfanneninhalt mit Olivenöl aufgießen und erhitzen. In Portionsschälchen füllen und mit viel Brot servieren.

Körneraufstrich

Passt besonders gut zu **Sonnenblumenbrot** (Seite 28).

Zutaten für 4 Personen

100 g Körnermischung (Sonnenblumenkerne, Leinsamen usw.)
200 g Doppelrahmfrischkäse
50 g Sahne
50 g Crème fraîche
2 EL gehackte Petersilie
schwarzer Pfeffer, Salz
1/2 TL Worcestersauce

20 Minuten
Kalorien: 360 kcal/Person

Zubereitung

1 Die Körnermischung nach Belieben klein hacken. Doppelrahmfrischkäse mit Sahne und Crème fraîche cremig rühren.
2 Petersilie und Körner untermischen. Mit Salz, Pfeffer und Worcestersauce abschmecken.

Überbackener Spinatbelag

Passt besonders gut zu **Mischbrot** (Seite 28).

Zutaten für 4 Personen

1 kg frischer Blattspinat
Salz
schwarzer Pfeffer
60 g zimmerwarme Butter
4 große Scheiben Mischbrot
8 Scheiben Emmentaler Käse

40 Minuten
Kalorien: 408 kcal/Person

Zubereitung

1 Den Backofen auf 200 °C mit Grillstufe vorheizen. Den Blattspinat verlesen, gründlich waschen und in kochendes Salzwasser geben. Etwa eine Minute aufwallen lassen und den Topfinhalt in ein Sieb schlagen. Den Spinat mit kaltem Wasser abschrecken und gründlich abtropfen lassen.
2 Die Brotscheiben mit Butter bestreichen und auf ein Backblech legen. Den Spinat nach Geschmack salzen, pfeffern und die Brote damit belegen. Butterflöckchen darüber streuen und mit Käse belegen.
3 Die Brote im auf 200 °C vorgeheizten Backofen knusprig überbacken.

Besonderer Hinweis: In der Antike legte man Spinatblätter auf Wunden und vertraute auf die Heilwirkung der grünen Blätter. Spinat gilt auch heute noch in Persien als Heilmittel.

Anstelle des Blattspinats können Sie auch andere Spinatgemüse verwenden, z. B. Garten- oder Sauerampfer, Eisenkraut, Mangold. Alle diese Sorten sind sehr vitamin- und mineralstoffhaltig.

Nussige, kernige Brote

Die Cashewnuss ist der eiweiß- und ölhaltige Samen des tropischen südamerikanischen Acajou- oder Nierenbaumes. Sie enthält viele entzündungshemmende Bitterstoffe.

Erdnussbutterbrot

Brot/Teigtyp Normal
Programm Brot

Zutaten

1 TL Trockenhefe
200 g Weizenmehl Type 1050
250 g Weizenmehl Type 405
1 1/2 TL Salz
1 EL Zucker
100 g Erdnusscreme
300 ml Wasser

Zum Erdnussbutterbrot passen: süße Brotaufstriche wie Erdnussbutter, Schokocreme, Blütenmischhonig und Marmeladen.

Cashewbrot

Brot/Teigtyp Normal
Programm Brot

Zutaten

1 1/2 TL Trockenhefe
320 g Weizenmehl Type 550
80 g Roggenmehl Type 1150
1 TL Zucker
1 TL Salz
1 EL Butter
80 g gehackte Cashewnüsse
240 ml Wasser

Tip: Anstelle der Cashewnüsse dieselbe Menge Haselnüsse, Erdnüsse oder Walnüsse zugeben.

Zum Cashewbrot passen: geräucherter Lachs, knusprige Makrelen und Schillerlocken, feine Fischsalate und Räucherschinken. Das Bunte Apfel-Käse-Allerlei (siehe Seite 38) schmeckt besonders gut dazu.

Rechte Seite: Das Cashewbrot ist eine ungewöhnliche Variante der Nussbrote, die Sie nur selten beim Bäcker kaufen können.

Pinienkernbrot

Brot/Teigtyp Normal
Programm Brot

Zutaten

1 1/2 TL Trockenhefe
500 g Weizenmehl Type 550
2 TL Salz
1 EL Zucker
70 g gehackte Pinienkerne
1 EL Butter
300 ml Wasser

Zum Pinienkernbrot passen: würzige gekochte und rohe Schinkenscheiben, hauchdünn geschnitten. Der feurige Mozzarella (siehe Seite 38) schmeckt besonders gut dazu.

Die Limette oder Limonelle gehört zu den Vitamin-C-reichen Zitrusfrüchten und ist vor allem in feuchttropischen Gebieten beheimatet. Alternativ können Sie auch die Schale eine Grapefruit oder Pomeranze verwenden.

Mandel-Limetten-Brot

Brot/Teigtyp Normal
Programm Brot

Zutaten

1 1/2 TL Trockenhefe
350 g Weizenmehl Type 550
100 g Roggenmehl Type 1050
1 TL Backpulver
1 TL Zucker
1 TL Salz
2 EL Butter
150 g Magermilchjoghurt mit Zitronengeschmack
1 TL Mohnsamen
3 TL Milchpulver
50 g gehackte Mandeln
1 EL Amaretto (Mandellikör)
1 TL geriebene Schale von einer unbehandelten Limette
160 ml Wasser

Zum Mandel-Limetten-Brot passen: verschiedene Eissorten; das American Filet (siehe Seite 39) schmeckt besonders gut dazu.

Weizenbrot mit Haferflocken

Brot/Teigtyp Normal
Programm Brot

Zutaten

1 1/2 TL Trockenhefe
400 g Weizenmehl Type 550
80 g kernige Haferflocken
1 EL Zucker
1 TL Milchpulver
1 TL Salz
1 EL Butter
300 ml Wasser

Zum Weizenbrot mit Haferflocken passen: pikante Käsecremes, deftige Eintöpfe oder schmackhafte Gemüsecremesuppen. Die Eier in Tomatensauce (siehe Seite 39) schmecken besonders gut dazu.

Pekannussbrot

Brot/Teigtyp Vollwert
Programm Brot

Zutaten

1 1/2 TL Trockenhefe
320 g Weizenmehl Type 550
130 g Roggenmehl Type 1150
1 TL Backpulver
1 EL Zucker
2 TL Salz
30 g Butter
80 g gemahlene Pekannüsse
20 g klein gehackte Pekannüsse
300 ml Wasser

Zum Pekannussbrot passen: Käse schmeckt besonders gut dazu – verwenden Sie ihn zum Überbacken oder genießen Sie ihn pur.

Rechte Seite: Das Pekannussbrot besteht neben Weizen- auch aus Roggenmehl. Dadurch bekommt es einen kräftigeren Geschmack.

Das passt zu den nussigen, kernigen Broten

Welche Apfelsorte Sie nehmen, bleibt Ihrem Geschmack überlassen. Zum Emmentaler schmecken Boskop und Golden Delicious hervorragend.

Buntes Apfel-Käse-Allerlei

Passt besonders gut zu **Cashewbrot** (Seite 34).

Zutaten für 2 Personen

2 dicke Scheiben Cashewbrot
1 EL Butter
1 Apfel
1 EL Preiselbeeren
4 Scheiben Emmentaler Käse

🕓 20 Minuten
Kalorien: 315 kcal/Person

Zubereitung

1 Den Backofen auf Grillstufe vorheizen. Die Brotscheiben mit Butter bestreichen.

2 Den Apfel schälen, entkernen, in dünne Scheibchen schneiden und die Brote damit belegen.

3 Die Preiselbeeren auf den Apfelscheiben verteilen und die Käsescheiben darauf legen.

4 Die belegten Brote in den Backofen schieben und in fünf Minuten überbacken.

Tip: Wer es gerne etwas schärfer hat, kann eine Prise Kräutersalz darüber streuen.

Feuriger Mozzarella

Passt besonders gut zu **Pinienkernbrot** (Seite 34).

Zutaten für 2 Personen

2 Scheiben Pinienkernbrot
1 TL Butter
2 EL klein geschnittener Rucola (auch Oregano oder Bärlauch)
150 g Mozzarella
2 kleine Tomaten
1 TL Olivenöl
Salz
schwarzer Pfeffer

🕓 20 Minuten
Kalorien: 338 kcal/Person

Zubereitung

1 Die Brotscheiben mit Butter bestreichen und den Rucola darauf streuen.

2 Den Mozzarella in dünne Scheiben schneiden. Die Tomaten waschen und ebenfalls in Scheiben schneiden.

3 Die Brotscheiben mit Mozzarella- und Tomatenscheiben belegen. Mit Salz und Pfeffer würzen und das Olivenöl darüberträufeln. Eventuell mit Basilikum garnieren.

American Filet

Passt besonders gut zum **Mandel-Limetten-Brot** (Seite 36).

Zutaten für 2 Personen

250 g Tatar (oder Rinderhackfleisch)
50 g Mayonnaise
1 TL Tomatenketchup, Salz
schwarzer Pfeffer
1 Zwiebel
2 dicke Scheiben Weizenbrot mit Haferflocken
1 TL Butter

⏲ 20 Minuten
Kalorien: 400 kcal/Person

Zubereitung

1 Das Tatar mit Mayonnaise und Tomatenketchup gründlich verrühren. Mit Salz und Pfeffer kräftig würzen.
2 Die Zwiebel schälen und in hauchdünne Ringe schneiden. Die Brotscheiben dünn mit Butter bestreichen.
3 Das American Filet auf die Brote verteilen und glatt streichen. Mit einem Messer ein Gitter in den Fleischteig ritzen und mit Zwiebelringen belegen.

Tip: Nach belgischer Art bekommen Sie dazu knusprige Pommes Frites serviert.

Eier in Tomatensauce

Passen besonders gut zum **Weizenbrot** (Seite 36).

Zutaten für 4 Personen

50 g geräucherter Speck
1 Zwiebel
2 Knoblauchzehen
1 EL Butter
1 EL Tomatenmark
1 TL Mehl
1/2 l Gemüsebrühe
schwarzer Pfeffer, Salz
1 EL fein gehackter Oregano
2 EL Crème fraîche
8 Eier
2 EL Essig

⏲ 30 Minuten
Kalorien: 387 kcal/Person

Zubereitung

1 Speck, Zwiebel und Knoblauch würfeln und in Butter andünsten. Dann das Tomatenmark zugeben.
2 Mit Mehl bestäuben und mit Gemüsebrühe aufgießen, würzen und köcheln lassen. Zuletzt die Crème fraîche einrühren.
3 Etwa eineinhalb Liter Wasser aufkochen und die Eier einzeln in das kochende Wasser gleiten lassen. Die Eier nach etwa vier Minuten einzeln mit einem Schaumlöffel aus dem Topf heben.

Rühren Sie regelmäßig um, nachdem Sie das Tomatenmark zugegeben haben, damit nichts anbrennt.

Vollkornbrote

Weizenvollkornbrote haben eine elastische, gut gelockerte Krume und lassen sich gut bestreichen; im Geschmack sind sie mild aromatisch bis herb.

Weizenvollkornbrot mit Haselnüssen

Brot/Teigtyp Vollwert

Programm Brot

Zutaten

1 1/2 TL Trockenhefe

350 g Weizenmehl Type 1050

150 g grob gemahlener Weizenschrot

1 TL Backpulver

2 TL ganze Haselnüsse

50 g Weizenkleie

1 EL Öl

1/2 TL Brotgewürz

1 TL brauner Zucker

1 TL Salz

320 ml Wasser

Zu diesem Weizenvollkornbrot passen: Gänse- oder Griebenschmalz. Karottenkäse (siehe Seite 42) schmeckt gut dazu.

Weizenbrot mit Sonnenblumen

Brot/Teigtyp Vollwert

Programm Brot

Zutaten

1 TL Trockenhefe

300 g Weizenmehl Type 550

75 g Roggenmehl Type 1150

75 g fein gemahlener Roggenschrot

20 g Sonnenblumenkerne

1 1/2 TL Salz

1 TL Öl

1 TL brauner Zucker

3 EL flüssiger Sauerteig

320 g Buttermilch

Zum Weizenbrot mit Sonnenblumen passen: Hüttenkäse, Wurstaufschnitt, deftige Eintöpfe und Blattsalate. Die Pikanten Remouladeneier (siehe Seite 42) schmecken besonders gut dazu.

Tip: Statt Öl können Sie auch Butter nehmen.

Pumpernickel mit Hanfsamen

Brot/Teigtyp Vollwert

Programm Brot

Zutaten

1 TL Trockenhefe

350 g Weizenmehl Type 550/1050

100 g Roggenmehl Type 1370

1 TL Backpulver

1 TL Milchpulver

2 TL Zuckersirup

1 1/2 TL Salz

1 EL Butter
30 g Sonnenblumenkerne
2 TL Hanfsamen (über Nacht eingeweicht)
2 EL Kakaopulver
1 EL Instantkaffeepulver
210 ml Wasser
70 g Buttermilch

Zum Pumpernickel mit Hanfsamen passen: Rohkostsalate, Quark und vegetarische Brotaufstriche. Der Hüttenkäseaufstrich (siehe Seite 43) und die Chili-Salami (siehe Seite 43) mit gehackten Cornichons schmecken besonders gut dazu.

Pumpernickel mit Hanfsamen hat keine berauschende Wirkung, wenn Sie den üblicherweise erhältlichen THC-freien Hanfsamen verwenden.

Das passt zu Vollkornbroten

Der Karottenkäse ist eine wahre Enzym-Vitamin-Bombe: Honig und Frischkäse sind hervorragende Enzymlieferanten, Petersilie, Karotte und Zitronensaft sorgen für eine ausgewogene Vitaminmischung.

Karottenkäse

Passt besonders gut zu **Weizenvollkornbrot mit Haselnüssen** (Seite 40).

Zutaten für 4 Personen

150 g Doppelrahmfrischkäse
50 g Crème fraîche
1 große Karotte (etwa 200 g)
1 EL Zitronensaft
1 TL Honig
Salz
schwarzer Pfeffer
1 EL gehackte Petersilie

🕓 20 Minuten
Kalorien: 187 kcal/Person

Zubereitung

1 Den Frischkäse und die Crème fraîche in einer Schüssel cremig verrühren.
2 Die Karotte schälen und auf einer Küchenreibe fein raspeln.
3 Die Karottenraspel, den Zitronensaft und den Honig unter die Käsecreme rühren. Mit Salz und Pfeffer würzen. Zuletzt die Petersilie unterheben.

Tip: Nehmen Sie eine besonders schmackhafte Honigsorte, z. B. Thymianhonig.

Pikante Remouladeneier

Passen besonders gut zu **Weizenbrot mit Sonnenblumen** (Seite 40).

Zutaten für 2 Personen

2 Scheiben Weizenbrot mit Sonnenblumen
2 EL Remouladensauce
10 schwarze Oliven
1 Gewürzgurke
2 hart gekochte Eier
Salz
schwarzer Pfeffer
1 Kästchen Kresse

🕓 20 Minuten
Kalorien: 364 kcal/Person

Zubereitung

1 Die Brotscheiben mit Remouladensauce bestreichen. Anschließend die Oliven entkernen und fein hacken. Die Gewürzgurke klein würfeln.
2 Die Brotscheiben mit Oliven und Gurkenwürfel belegen. Die Eier schälen, in Scheiben schneiden und auf die Brote verteilen. Salzen und pfeffern.
3 Die Kresse aus den Kästchen schneiden, waschen und damit die Eierbrote garnieren.

Hüttenkäseaufstrich

Passt besonders gut zu
Pumpernickel mit Hanfsamen
(Seite 40).

Zutaten für 2 Personen

2 Scheiben Pumpernickel mit Hanfsamen
1 TL Butter
150 g Hüttenkäse
Selleriesalz
schwarzer Pfeffer
1 Bund Schnittlauch
100 g Maiskörner (abgetropft aus der Dose)

⏲ 10 Minuten
Kalorien: 187 kcal/Person

Tip: Statt Selleriesalz können Sie auch Kräutersalz oder jodiertes Speisesalz verwenden. Dieser Aufstrich schmeckt nicht nur zu Pumpernickel, sondern auch hervorragend zu anderen Broten.

Zubereitung

1 Die Brotscheiben dünn mit Butter bestreichen und darauf den Hüttenkäse verteilen. Nach Geschmack mit Selleriesalz und Pfeffer würzen.

2 Den Schnittlauch in kleine Röllchen schneiden und zusammen mit den Maiskörnern auf die Brote streuen.

Chili-Salami

Passt besonders gut zu
Pumpernickel mit Hanfsamen
(Seite 40).

Zutaten für 2 Personen

1 EL gehackte Cornichons
2 EL Mayonnaise
1 EL Chili-Ketchup
2 Scheiben Pumpernickel mit Hanfsamen
100 g Salamischeiben
2 eingelegte Peperoni

⏲ 10 Minuten
Kalorien: 289 kcal/Person

Zubereitung

1 Die gehackten Cornichons mit der Mayonnaise und dem Chili-Ketchup gut verrühren und die Brotscheiben je nach Geschmack mehr oder weniger dick damit bestreichen.

2 Die bestrichenen Brote mit den Salamischeiben belegen und zum Schluss mit je einer Peperoni garnieren.

Tip: Zum »Löschen« sollten Sie unbedingt ein kühles Getränk bereitstellen – am besten stilles Mineralwasser oder Radler (Bier mit Limonade). Noch gesünder ist selbst gepresster Fruchtsaft.

»Mahiz«, wie die peruanischen Indianer den Mais ursprünglich nannten, ist die einzige aus Amerika stammende Getreideart; Christoph Kolumbus brachte sie im 15. Jahrhundert mit nach Europa.

Gewürzbrote

Beim Gourmet-Anisbrot haben Sie mit Anis, Kümmel, Fenchel und Koriander vier Gewürze, die nicht nur gut schmecken, sondern auch allesamt die Verdauung unterstützen.

Gourmet-Anisbrot

Brot/Teigtyp Normal
Programm Brot

Zutaten

1 1/2 TL Trockenhefe
500 g Weizenmehl Type 550
1 EL Zucker
1 1/2 TL Salz
30 g Sonnenblumenkerne
1 EL Walnussöl
1/2 EL gestoßener Anissamen
1/2 EL gestoßener Kümmel
1/2 EL gestoßener Koriander
1 TL gestoßener Fenchelsamen (alles im Mörser zerstoßen) oder
2 EL fertige Brotgewürzmischung
320 ml Wasser

Zum Gourmet-Anisbrot passen: Wurst- und Schinkenaufschnitt. Luckeleskäse (siehe Seite 48) schmeckt besonders gut dazu.

Kräuterbrot

Brot/Teigtyp Normal
Programm Brot oder Rosinen

Zutaten

1 1/2 TL Trockenhefe
450 g Weizenmehl Type 550
50 g Weizenmehl Type 1050
1 EL Zucker
1 TL Salz
1 EL Sonnenblumenöl
1/2 TL geschroteter Pfeffer
4 EL frisch gehackte gemischte Kräuter (z. B. Schnittlauch, Thymian, Estragon, Petersilie, Dill, Bohnenkraut, Pimpernelle und/oder Estragon)
310 ml Wasser

Zum Kräuterbrot passen: geräucherter und gebeizter Lachs, Fischsalat oder Wurstsalat, pikante Brotaufstriche. Der würzig-pikante Käse-Nudel-Salat (siehe Seite 48) schmeckt besonders gut dazu.

Kümmelbrot

Brot/Teigtyp Mehrkorn
Programm Brot

Zutaten

1 1/2 TL Trockenhefe
350 g Weizenmehl Type 550
100 g Roggenmehl Type 1150
1 TL Backpulver
40 g Fünfkornschrot (über Nacht eingeweicht)

1 Messerspitze Kumin (gemahlener Gelbwurz)
1 TL Zuckersirup
1 TL Aceto Balsamico
2 TL Salz
2 EL Walnussöl
1 EL zerstoßener Kümmel
3 EL flüssiger Sauerteig
320 g Buttermilch

Zum Kümmelbrot passen: verschiedene Schinkensorten und frische Salate. Käsefondue (Kümmelbrot in Würfel schneiden und ins Fondue dippen). Kerbelsuppe (siehe Seite 49) schmeckt besonders gut dazu.

Chili-Pfeffer-Brot

Brot/Teigtyp Normal
Programm Brot

Zutaten
1 1/2 TL Trockenhefe
350 g Weizenmehl Type 550
150 g Roggenmehl Type 1150
1 TL Backpulver
1/2 TL Salz
1 TL Zucker
1 EL Sonnenblumenöl
1/2 EL schwarzer, geschroteter Pfeffer
2 EL grüne Pfefferkörner
1 TL edelsüßes Paprikapulver
2 TL frisch geschnittene Chilischoten
3 EL flüssiger Sauerteig
320 ml Wasser

Zum Chili-Pfeffer-Brot passen: Schinken oder Spargel mit Melone, Leberwurst und Leberpasteten, Putenaufschnitt. Geflügelsalat mit Früchten (siehe Seite 49) schmeckt besonders gut dazu.

Knoblauchbrot

Brot/Teigtyp Schnell
Programm Brot

Zutaten
1 1/2 TL Trockenhefe
500 g Weizenmehl Type 405
1 TL Zucker
1 EL frisch gehacktes Basilikum
1 EL frisch gehackter Knoblauch
1 TL Knoblauchpulver
2 EL frisch geriebener Parmesankäse
2 TL Salz
1 TL Olivenöl
2 EL trockener Weißwein
310 ml Wasser

Zum Knoblauchbrot passen: ein Gläschen Rotwein, gemischte Vorspeisen aus dem reichhaltigen Mittelmeerbuffet.

Knoblauch galt bei vielen Völkern, wahrscheinlich wegen seines starken Geruchs, als Mittel gegen den bösen Blick und gegen Geister, in Mitteleuropa insbesondere auch gegen Vampire.

Statt Distelöl können Sie im Kuminbrot natürlich auch Sonnenblumenöl oder ein anderes kaltgepresstes Öl verwenden.

Kuminbrot mit Safranfäden

Brot/Teigtyp Normal
Programm Brot

Zutaten

1 1/2 TL Trockenhefe
500 g Weizenmehl Type 550
1 Messerspitze Safran
1 TL Safranfäden
1 TL Kumin (gemahlener Kreuzkümmel)
1 TL Salz
20 g Sonnenblumenkerne
1 TL Zucker
1 EL Distelöl
200 g Buttermilch

Zum Kuminbrot mit Safranfäden passen: Champignoncremesuppe oder andere pürierte Gemüsesuppen wie beispielsweise eine Lauch- oder Selleriecremesuppe; außerdem überbackenes Gemüse.

Besonderer Hinweis: Safran ist ein Gewürz mit einem hohen Karotinoidanteil (besonders Kroketin) und viel Beta-Karotin. Letzteres ist die chemische Vorstufe von Vitamin A und wird im Organismus in das Vitamin umgewandelt. Vitamin A ist für das Nachtsehen wichtig.

Rechte Seite: Der Safran verleiht dem Kuminbrot seine schöne gelbe Farbe. Safran gibt es in verschiedenen Qualitäts- und Preisstufen.

Sesambrot

Brot/Teigtyp Normal
Programm Brot

Zutaten

1 TL Trockenhefe
200 g Weizenmehl Type 550
250 g Weizenmehl Type 1050
40 g geschälte Sesamsamen
1 EL Zucker
1 TL Salz
1 TL Sonnenblumenöl
1/2 TL Natron
1 TL Butter
280 ml Wasser

Tip: Beim letzten Backvorgang einen Esslöffel Sesamsamen auf das Brot geben.

Zum Sesambrot passen: Frankfurter Würstchen, Aufschnittplatten, Gemüsesalate oder würzige Brotaufstriche. Kerbelsuppe (siehe Seite 49) schmeckt besonders gut dazu.

Das passt zu Gewürzbroten

Falls Ihnen die Worcestersauce beim Käse-Nudel-Salat zu scharf ist, können Sie alternativ auch einen oder zwei Esslöffel konzentrierte Gemüsebrühe verwenden.

Luckeleskäse

Passt besonders gut zu **Gourmet-Anisbrot** (Seite 44).

Zutaten für 4 Personen

1 Bund Schnittlauch
1 mittelgroße Zwiebel
500 g Quark
100 g saure Sahne
Salz
schwarzer Pfeffer
edelsüßes Paprikapulver
1 Kopfsalatherz

⏲ 20 Minuten
Kalorien: 169 kcal/Person

Zubereitung

1 Den Schnittlauch säubern und in kleine Röllchen schneiden. Anschließend die Zwiebel abziehen und fein würfeln.

2 Den Quark mit der Sahne cremig verrühren. Schnittlauch und Zwiebelwürfel beimengen. Mit Salz, Pfeffer und Paprika würzen.

3 Das Kopfsalatherz in Blätter teilen, waschen und trockenschwenken.

4 Die Kopfsalatblätter auf vier Teller verteilen und darauf den Quark anrichten. Mit Paprikapulver bestäuben. Dazu das in Scheiben geschnittene Gourmet-Anisbrot genießen.

Käse-Nudel-Salat

Passt besonders gut zu **Kräuterbrot** (Seite 44).

Zutaten für 4 Personen

500 g Nudeln Ihrer Wahl
Salz
1 EL Öl
250 g Schnittkäse (z. B. Edamer, Emmentaler oder Leerdamer)
2 Gewürzgurken
1/2 Salatgurke
150 g Naturjoghurt
100 g Mayonnaise
schwarzer Pfeffer
1 EL Worcestersauce
2 EL gehackte Petersilie

⏲ 40 Minuten
Kalorien: 843 kcal/Person

Zubereitung

1 Die Nudeln in Salzwasser mit dem Öl bissfest garen. Abgießen, mit kaltem Wasser abschrecken und in dem Sieb abtropfen lassen.

2 Den Käse in gleich große Streifen schneiden. Die Gewürzgurken klein würfeln. Die Salatgurke schälen, halbieren und in Streifen schneiden.

3 Aus Joghurt, Mayonnaise, Salz, Pfeffer, Worcestersauce und Petersilie eine cremige Marinade rühren. Alle Zutaten vermengen und servieren.

Kerbelsuppe

Passt besonders gut zu **Sesambrot** (Seite 46).

Zutaten für 4 Personen

200 g frischer Kerbel
1 Zwiebel, gewürfelt
60 g Butter
1 EL Mehl
1 l Fleisch- oder Gemüsebrühe
schwarzer Pfeffer, Salz
200 g Sahne

⏱ 30 Minuten
Kalorien: 336 kcal/Person

Zubereitung

1 Den Kerbel verlesen, waschen, trockenschwenken und wiegen.

2 In einem Topf die Butter heiß schäumend erhitzen. Die Zwiebelwürfel einstreuen und glasig dünsten. Mit Mehl bestäuben und unter Rühren hell halten.

3 Mit Brühe ablöschen und den Kerbel einstreuen. Die Suppe bei kleiner Hitze etwa 15 Minuten köcheln lassen und würzen.

4 Die Sahne eingießen und nochmals abschmecken.

Geflügelsalat mit Früchten

Passt besonders gut zu **Chili-Pfeffer-Brot** (Seite 45).

Zutaten für 4 Personen

1 gekochtes oder gegrilltes Huhn
200 g Ananasecken (Glas)
200 g Mandarinenspalten (Glas)
150 g Mayonnaise
100 g Naturjoghurt
schwarzer Pfeffer, Salz
Worcestersauce nach Geschmack
1 Banane

⏱ 30 Minuten
Kalorien: 809 kcal/Person

Zubereitung

1 Das Huhn enthäuten, entbeinen und in Würfel schneiden. Hühnerfleisch, Ananasecken und Mandarinen ohne Saft mischen.

2 Mayonnaise, Joghurt und sechs Esslöffel Ananassaft cremig verrühren und würzen.

3 Die Banane schälen und in Scheiben schneiden. Mit den Salatzutaten und der Marinade vermengen.

Küchenkerbel ist eine einjährige Pflanze. Sie gehört zu den Doldenblütern und regt die Verdauung an.

Pikante Brote

Das Joggingbrot hat seinen Namen möglicherweise deshalb, weil viele Sportler diese leicht verdauliche, gut bekömmliche Brotsorte sehr schätzen – auch vor Wettkämpfen.

Cottage-Käsebrot

Brot/Teigtyp Normal
Programm Brot

Zutaten

1 1/2 TL Trockenhefe
450 g Weizenmehl Type 550
1 EL Zucker
100 g Hüttenkäse (körniger Frischkäse)
1 Zwiebel
25 g Butter
1 1/2 TL Salz
20 g klein geschnittener Dill
250 mg Buttermilch oder 250 ml Wasser

Tip: Variieren Sie das Cottage-Käsebrot mit zwei Esslöffeln gerösteten Zwiebelwürfeln, und verwenden Sie statt Buttermilch Wasser.

Zum Cottage-Käsebrot passen: köstliche Brotaufstriche, Lachsmus, bunte Blattsalate, feine Gemüsesuppen. Die Zucchinipfanne mit Garnelen (siehe Seite 54) schmeckt besonders gut dazu. Lecker auch ein Auberginenaufstrich.

Joggingbrot

Brot/Teigtyp Normal
Programm Brot

Zutaten

1 1/2 TL Trockenhefe
400 g Weizenmehl Type 550
80 g Roggenmehl Type 1150
2 EL Zucker
1 1/2 TL Salz
1 Prise Ingwerpulver
30 g Butter
150 g Magermilchjoghurt
150 ml Wasser

Tip: Verwenden Sie statt des normalen Speisesalzes jodiertes Salz (vor allem dann, wenn Sie in einem Jodmangelgebiet leben!) oder Kräutersalz und statt der Butter eine leichte pflanzliche Margarine.

Zum Joggingbrot passen: Rohkostsalate, Tomatensuppe, Gemüsesalate, süße und pikante Brotaufstriche. Der Auberginenaufstrich mit Knoblauch, Petersilie und Zwiebel (siehe Seite 54) schmeckt besonders gut dazu.

Rechte Seite: Das Cottage-Käsebrot passt besonders gut zu Salaten und herzhaften Aufstrichen.

Knoblauch-Käse-Brot

Brot/Teigtyp Normal
Programm Brot oder Rosinen

Zutaten

1 1/2 TL Trockenhefe
400 g Weizenmehl Type 550
2 TL Salz
2 EL Butter
50 g Emmentaler Käse
1 TL Zucker
1 TL Knoblauchpulver
1 gehackte Knoblauchzehe
1 TL gemahlener Pfeffer
320 ml Wasser

Zum Knoblauch-Käse-Brot passen: Wurstsalate, Fleisch vom Grill, Gemüsesuppen, bunte Blattsalate. Folienkartoffeln mit Speckquark (siehe Seite 55) schmecken besonders gut dazu.

Wenn Ihnen nach dem Brotbacken noch Maiskörner übrig bleiben: Stellen Sie Ihr eigenes Popcorn her, indem Sie in einer Pfanne Fett erhitzen und Mais hineingeben, wobei die Körner nicht übereinander liegen sollten. Nach dem Aufplatzen würzen.

Texanisches Maismehlbrot

Brot/Teigtyp Normal
Programm Brot

Zutaten

1 1/2 TL Trockenhefe
450 g Weizenmehl Type 550
40 g Maisgrieß
1 Ei
1 EL Butter
1 TL Zucker
2 TL Salz
1 Döschen Safran
1/2 TL Chilipulver
1 EL Sonnenblumenkerne
150 g Buttermilch
120 ml Wasser
4 EL Maiskörner (aus der Dose)

Zum Texanischen Maismehlbrot passen: Chili con Carne, Eintöpfe, Salate, Paella, überbackene Gemüse, vegetarische Brotaufstriche. Chili con Carne (siehe Seite 56) schmeckt besonders gut dazu.

Brot »Napoli«

Brot/Teigtyp Normal
Programm Brot

Zutaten

2 TL Trockenhefe
250 g Weizenmehl Type 550
150 g Roggenmehl Type 1150
1 TL edelsüßes Paprikapulver
1 TL Zucker
1 TL Salz
2 TL Tomatenmark
1 TL gerebelter Oregano
1 TL scharfe, gehackte Peperoni
1 TL Knoblauchpulver
150 g Magermilchjoghurt
150 ml Wasser

Zum Brot »Napoli« passen: Salate, mediterrane Vorspeisen, Suppen und Gegrilltes. Gratinierte Tomaten (siehe Seite 56) schmecken besonders gut dazu.

Tip: Besonders gut schmeckt es, wenn Sie es noch warm essen oder vor der Mahlzeit nochmals in der Mikrowelle oder im Toaster anwärmen.

Schinkenbrot

Brot/Teigtyp Normal

Programm Brot oder Rosinen

Zutaten

1 1/2 TL Trockenhefe
300 g Weizenmehl Type 1050
150 g Roggenvollkornmehl
1 EL Zucker, 2 TL Salz
1/2 TL schwarze, gestoßene Pfefferkörner
1 EL Olivenöl
150 g Magermilchjoghurt
100 g fein geschnittener gekochter Schinken
200 ml Wasser

Zum Schinkenbrot passen: Pellkartoffeln und Quark, Gurkensalat oder cremige Suppen. Krautsalat oder Tatar mit Speck (siehe Seite 57) schmeckt besonders gut dazu.
Vor allem bei einem zünftigen Biergartenbesuch passt besonders der bayerische Obazde (siehe Seite 29).

Wenn Sie das Schinkenbrot nicht ganz so deftig mögen, verzichten Sie einfach auf den Pfeffer. Variieren Sie außerdem die Anteile von Weizen- und Roggenvollkornmehl.

Das Schinkenbrot schmeckt besonders gut zu leichten Beilagen wie Pellkartoffeln oder Gurkensalat.

Das passt zu pikanten Broten

Die gurkenähnlichen Zucchini gehören zur Familie der Kürbisse und zeichnen sich ernährungsphysiologisch durch einen hohen Mineralstoffgehalt aus.

Zucchinipfanne mit Garnelen

Passt besonders gut zu Cottage-Käsebrot (Seite 50).

Zutaten für 4 Personen

800 g Zucchini
2 Schalotten
6 EL Olivenöl
Salz
schwarzer Pfeffer
1 TL Kräutermischung der Provence
50 ml Weißwein
200 g geschälte Garnelen
200 g saure Sahne
1 Messerspitze Currypulver

◷ 40 Minuten
Kalorien: 316 kcal/Person

Zubereitung

1 Die Zucchini säubern, Stielansätze und Enden entfernen. Quer in dünne Scheiben schneiden. Die Schalotten abziehen und fein würfeln.

2 In einer größeren Pfanne das Olivenöl erhitzen und darin die Schalottenwürfel glasig andünsten. Die Zucchinischeiben einstreuen. Mit Salz und Pfeffer abschmecken.

3 Die Zucchini von allen Seiten gut bräunen und mit Kräutern der Provence würzen. Mit Weißwein beträufeln und die Garnelen hinzufügen.

4 Die Zucchinipfanne auf vier Teller verteilen und darauf die saure Sahne geben. Mit Currypulver bestäuben. Dazu backfrisches Vollkornbrot genießen.

Auberginenaufstrich

Passt besonders gut zu Joggingbrot (Seite 50).

Zutaten für 4 Personen

500 g Auberginen
1 große Zwiebel
2 Knoblauchzehen
2 EL gehackte Petersilie
Salz
schwarzer Pfeffer
Saft von 1 Zitrone
50 g Crème fraîche

◷ 40 Minuten
Kalorien: 70 kcal/Person

Zubereitung

1 Den Backofen auf 220 °C vorheizen. Die Auberginen waschen, längs halbieren und auf ein Backblech legen. In den Ofen schieben und unter mehrmaligem Wenden etwa 25 Minuten bräunen.

2 Die Zwiebel sowie die Knoblauchzehen abziehen und fein würfeln. Die Auberginen aus dem Ofen nehmen, kalt abbrausen, trockentupfen und häuten. Das Fruchtfleisch klein würfeln.

3 Alle angegebenen Zutaten in die Küchenmaschine geben und mittelfein pürieren. Pikant abschmecken und mit dem Joghurtbrot genießen.

Folienkartoffeln mit Speckquark

Passen besonders gut zu **Knoblauch-Käse-Brot** (Seite 52).

Zutaten für 4 Personen

4 sehr große oder 8 mittelgroße Kartoffeln
Kräutersalz
1 Bund Schnittlauch
1 Zwiebel
2 EL Butter
150 g Räucherspeckwürfel
250 g Sahnequark
4 EL Sahne
schwarzer Pfeffer

⌚ 40 Minuten
Kalorien: 533 kcal/Person

Zubereitung

1 Den Backofen auf 220 °C vorheizen. Die Kartoffeln mit der Bürste gründlich waschen und trockentupfen. Jede Kartoffel mit der Gabel etwas einstechen, mit Kräutersalz bestreuen und in Alufolie wickeln. Auf ein Backblech legen und für etwa 40 Minuten (je nach Größe!) in den Backofen schieben.

2 Den Schnittlauch säubern und in Röllchen schneiden. Die Zwiebel abziehen und in feine Würfel schneiden.

3 In einer Pfanne die Butter heiß schäumend erhitzen und darin die Zwiebelwürfel glasig andünsten. Anschließend die Räucherspeckwürfel einstreuen und einige Minuten lang rösten.

4 Den Sahnequark mit der Sahne glatt rühren und den Pfanneninhalt untermischen. Mit Kräutersalz und Pfeffer nach Geschmack würzen.

5 Die Kartoffeln aus den Folien nehmen, längs einschneiden und in diese Öffnung den Speckquark geben.

6 Zum Schluss mit dem Schnittlauch bestreuen.

Tip: Verwenden Sie am besten fest kochende Kartoffeln.

Die Aubergine ist ein Nachtschattengewächs, das in Südostasien beheimatet ist und viele Ballast- und Bitterstoffe enthält. In Europa ist sie erst seit etwa 20 Jahren bekannt.

Entkernen und hacken Sie die Chilischote möglichst klein, bevor Sie sie in die Pfanne geben. Die Schärfe steckt in den Körnern der Schote – je nach gewünschter Schärfe sollten Sie also mehr oder weniger von ihnen verwenden.

Chili con Carne

Passt besonders gut zu **Texanischem Maismehlbrot** (Seite 52).

Zutaten für 4 Personen

1 große Zwiebel
3 Knoblauchzehen
1 rote Chilischote
5 EL Olivenöl
500 g Rinderhackfleisch
1 EL Tomatenmark
250 ml Tomatensaft
250 ml Gemüse- oder Fleischbrühe
schwarzer Pfeffer, Salz
250 g rote Kidneybohnen

⌚ 50 Minuten
Kalorien: 467 kcal/Person

Zubereitung

1 Die Zwiebel sowie die Knoblauchzehen abziehen und fein würfeln.

2 In einem größeren Topf das Olivenöl erhitzen und darin die Zwiebel- und Knoblauchwürfel glasig dünsten. Chiliwürfel und Hackfleisch zugeben. Unter Rühren das Hackfleisch braten und das Tomatenmark zugeben.

3 Mit Tomatensaft und Brühe ablöschen und würzen.

4 Die Bohnen einrühren, nochmals abschmecken und etwa 30 Minuten leise köcheln lassen.

Gratinierte Tomaten

Passen besonders gut zu **Brot »Napoli«** (Seite 52).

Zutaten für 4 Personen

1/2 Bund Petersilie
2 Knoblauchzehen
50 g zimmerwarme Butter
Kräutersalz
1 EL Semmelbrösel
4 Fleischtomaten
1 EL Olivenöl

⌚ 30 Minuten
Kalorien: 156 kcal/Person

Zubereitung

1 Den Backofen auf 200 °C mit Grillstufe vorheizen. Die Petersilie waschen, trockenschwenken, von den Stengeln zupfen und hacken.

2 Die Knoblauchzehen abziehen und fein würfeln. Die Butter mit Kräutersalz, den Semmelbröseln sowie den vorbereiteten Zutaten verrühren.

3 Die Tomaten waschen und quer halbieren. In eine feuerfeste Form setzen und die Buttermischung darauf verteilen. Mit Olivenöl beträufeln.

4 Die Tomaten in den Ofen schieben und etwa zehn Minuten lang überbacken. Dazu das Brot »Napoli« reichen.

Krautsalat mit Speck

Passt besonders gut zu **Schinkenbrot** (Seite 53).

Zutaten für 4 Personen

1 kg Weißkohl
1 Zwiebel
150 g Räucherspeck
1 TL Butter
250 ml heiße Fleischbrühe
6 EL Pflanzenöl
5 EL Essig
schwarzer Pfeffer, Salz
nach Geschmack eine Prise Zucker
1 EL Kümmel

⏲ 20 Minuten
Kalorien: 531 kcal/Person

Zubereitung

1 Den Weißkohl säubern und mit dem Küchenhobel in feine Streifen schneiden. In einer Schüssel mit etwas Salz durchkneten. Die Zwiebel abziehen und fein würfeln.

2 Den Räucherspeck in kleine Würfel schneiden. In einer Pfanne die Butter heiß schäumend erhitzen. Zwiebel- und Speckwürfel glasig andünsten.

3 Mit Fleischbrühe ablöschen, aufkochen und über den Weißkohl gießen. Öl, Essig, Salz und Pfeffer verrühren und ebenfalls über den Weißkohl gießen. Mit Kümmel und Zucker abschmecken. Den Salat abdecken und bei Zimmerwärme etwa eine Stunde ziehen lassen.

Tatar mit Speck

Passt besonders gut zu **Schinkenbrot** (Seite 53).

Zutaten für 4 Personen

1 Gewürzgurke, 1 kleine Zwiebel
500 g Tatar, 1 Ei
1 TL Meerrettich
schwarzer Pfeffer, Salz
1 Prise edelsüßes Paprikapulver
1 Prise rosenscharfes Paprikapulver
8 Räucherspeckscheiben

⏲ 25 Minuten
Kalorien: 648 kcal/Person

Zubereitung

1 Den Backofen auf 200 °C mit Grillstufe vorheizen. Die Gewürzgurke klein würfeln. Die Zwiebel schälen und fein hacken.

2 Tatar mit Ei, Gurken- und Zwiebelwürfeln sowie dem Meerrettich verkneten. Mit Salz, Pfeffer und Paprika abschmecken.

3 Aus dem Tatar vier flache Frikadellen formen und mit Speck umwickeln. Auf ein Backblech legen und unter zweimaligem Wenden zehn Minuten grillen.

Variieren Sie das Tatarrezept, indem Sie statt der Räucherspeckscheiben gekochten Schinken (dünn geschnitten) verwenden.

Gemüsebrote

Buttermilchbrot hat eine helle, gut gelockerte, etwas weiche bis wattige Krume und schmeckt mild. Alternative: Statt Buttermilch Kefir verwenden.

Buttermilchbrot mit Kräuteroliven

Brot/Teigtyp Normal
Programm Brot oder Rosinen

Zutaten

1 TL Trockenhefe
500 g Weizenmehl Type 405
1 EL Zucker
1 EL Salz
2 EL Pflanzenöl
1 TL Knoblauchpulver
50 g klein gehackte Kräuteroliven
1/2 TL edelsüßes Paprikapulver
1/2 TL frisch gerebelter Thymian
200 g Buttermilch

Tip: Sie können auch mit dem Programm Rosinenbrot arbeiten und erst beim Signalton die klein gehackten Kräuteroliven hinzufügen.

Zum Buttermilchbrot mit Kräuteroliven passen: Zaziki, Bauernsalat, gefüllte Weinblätter. Feine, pürierte Suppen und griechische Champignons mit Gewürzen (siehe Seite 62) schmecken dazu besonders gut.

Rechte Seite: Buttermilchbrot mit Kräuteroliven bringt ein Stück Griechenland ins Haus. Versuchen Sie es einmal zusammen mit einem Vorspeisenteller!

Schweizer Rüblibrot

Brot/Teigtyp Normal
Programm Brot

Zutaten

1 1/2 TL Trockenhefe
350 g Weizenmehl Type 550
150 g Weizenmehl Type 1050
1 TL Salz
1 TL brauner Zucker
1 TL Butter
1 TL Walnussöl
100 g fein geraspelte Karotten
1 geriebener Apfel
20 g Sonnenblumenkerne
50 g Kokosraspeln
220 ml lauwarme Milch

Tip: Variieren Sie mit Kräuter- oder Selleriesalz, und verwenden Sie anstatt Butter eine leichte Margarine. Wenn Sie braunen Zucker nicht mögen, tut es auch der ganz normale weiße Zucker.

Zum Schweizer Rüblibrot passen: verschiedene Käse und vegetarische Brotaufstriche, gefüllte Weinblätter, bunte Salate und Eiersalat. Nizzasalat (siehe Seite 62) schmeckt besonders gut dazu.

Zum Olivenbrot schmecken auch Auberginenpüree sowie italienische und/oder griechische Vorspeisen hervorragend.

Olivenbrot mit Fetakäse

Brot/Teigtyp Normal
Programm Brot

Zutaten

1 1/2 TL Trockenhefe
350 g Weizenmehl Type 550
150 g Roggenmehl Type 1150
1 TL Zucker
1/2 TL Salz
1 TL Knoblauchpulver
1/2 TL gemahlener Pfeffer
1 EL Olivenöl
1 TL Aceto Balsamico
50 g Fetakäsewürfel
15 schwarze Oliven
2 EL gehackte Knoblauchzehen
270 ml Wasser

Zum Olivenbrot mit Fetakäse passen: Waldorfsalat; Gemüsespaghetti mit Zitronensauce (siehe Seite 63) schmecken besonders gut dazu.

Zwiebelbrot à la Provence

Brot/Teigtyp Normal
Programm Brot

Zutaten

1 1/2 TL Trockenhefe
380 g Weizenmehl Type 550
120 g Roggenmehl Type 1150
1 TL Kräuter der Provence
1 TL Zucker
2 TL Salz
1 EL Aceto Balsamico
1 EL Sonnenblumenöl
80 g frisch geröstete Zwiebelwürfel
310 g Buttermilch

Zum Zwiebelbrot à la Provence passen: pikante Brotaufstriche, geräucherter Schinken, feine Buttersorten und verschiedene Rohkostsalate.

Variante: Schneiden Sie das Zwiebelbrot in Würfel, und servieren Sie es zum Dippen für ein Käsefondue. Fenchelknollen mit Pinienkernen schmecken besonders gut dazu.

Kartoffel-Kümmel-Brot

Brot/Teigtyp Normal
Programm Brot

Zutaten

1 1/2 TL Trockenhefe
350 g Weizenmehl Type 550
150 g Weizenmehl Type 1050
1 TL brauner Zucker
1 1/2 TL Jodsalz
100 g zerstoßene gekochte Kartoffeln
30 g Crème fraîche

1 TL Butter

2 EL gerösteter Speck

1/4 TL Muskatpulver

1/2 TL gemahlener grüner Pfeffer oder Piment

1/2 TL zerstoßener Kümmel

290 ml lauwarme Milch

Tip: Nehmen Sie für dieses Brot mehlig kochende Kartoffeln. Lassen Sie sie auf Zimmertemperatur abkühlen, bevor Sie sie in den Brotbackautomaten geben.

Zum Kartoffel-Kümmel-Brot passen: deftiger Bohneneintopf, Chili con Carne oder eine Tomatensuppe. Auch ein Obazda (Seite 29) oder Käsecreme lassen sich als Aufstrich dazu reichen.

Paprika-Zucchini-Brot

Brot/Teigtyp Normal

Programm Brot oder Rosinen

Zutaten

1 1/2 TL Trockenhefe

450 g Weizenmehl Type 550

1 TL Akazien- oder Rosmarinhonig

80 grob geriebene Zucchini

50 g fein geschnittene rote Paprikawürfel

1 TL Edelsüßpaprika

1 Prise scharfes Rosenpaprikapulver

1 TL Curry

270 ml lauwarme Milch

Tip: Waschen Sie die Zucchini gründlich. Salzen Sie sie mit einem Teelöffel Jodsalz ein, lassen Sie sie etwas ziehen und drücken Sie sie dann aus.

Variante: Variieren Sie das Rezept ab und zu, indem Sie anstatt der roten Paprikaschote eine gelbe oder grüne verwenden.

Zum Paprika-Zucchini-Brot passen: Gemüsesuppen oder eine deftige Gulaschsuppe, Kräuterquark und alle möglichen bunten Salate.

Variieren Sie die Honigsorten, die Sie beim Paprika-Zucchini-Brot verwenden: Von Klee- und Bergwiesenhonig über Thymian- und Blütenmischhonig bis hin zu Latschenkieferhonig ist alles möglich.

Das passt zu Gemüsebroten

Garnieren Sie die fertig zubereiteten Champignons mit ein paar kleinen Cocktailtomaten und etwas Petersilie – denn die Augen essen immer mit.

Griechische Champignons

Passen besonders gut zu **Buttermilchbrot mit Kräuteroliven** (Seite 58).

Zutaten für 4 Personen

300 g frische Champignonköpfe
Saft von 2 Zitronen
1/8 l trockener Weißwein
250 ml Wasser
1 TL Zucker
1/4 TL Salz
1 Gewürzsäckchen, bestehend aus je 12 Koriander- und Pfefferkörnern
1 Lorbeerblatt
je 1/4 TL gerebelter Thymian und Fenchelsamen
5 EL Olivenöl

🕓 25 Minuten
Kalorien: 180 kcal/Person

Zubereitung

1 Die Champignons gründlich waschen und in einem Sieb abtropfen lassen. In einem Topf Zitronensaft, Weißwein, Zucker und Salz aufkochen.

2 Die Champignons sowie das Gewürzsäckchen hineingeben und etwa fünf Minuten sprudelnd kochen. Die Hitze zurückdrehen und weitere fünf Minuten leise köcheln.

3 Das Olivenöl einrühren und den Topf in den Kühlschrank stellen. Die Champignons etwa acht Stunden durchkühlen lassen.

4 Die Champignons mit etwas Sud zusammen mit dem griechischen Brot als anregende Vorspeise servieren.

Nizzasalat

Passt besonders gut zu **Schweizer Rüblibrot** (Seite 58).

Zutaten für 4 Personen

4 gehäutete Tomaten
300 g gekochte Kartoffeln
200 g Prinzessbohnen (aus dem Glas)
200 g Thunfisch (aus der Dose)
50 g schwarze Oliven
50 g grüne Oliven
1 Schalotte
6 EL Olivenöl
4 EL Essig
Salz
schwarzer Pfeffer
2 kleine Kopfsalatherzen

🕓 30 Minuten
Kalorien: 383 kcal/Person

Zubereitung

1 Die Tomaten vierteln, entkernen und jedes Viertel der Länge nach halbieren. Die Kartoffeln in dünne Scheiben schneiden. Die Bohnen abtropfen lassen.

2 Den Thunfisch abtropfen lassen und mit einer Gabel zerpflücken. Zusammen mit den Bohnen, Kartoffelscheiben, Tomatenachteln sowie den schwarzen und grünen Oliven in einer Schüssel locker vermengen.

3 Die Schalotte abziehen und fein würfeln. Aus Olivenöl, Essig, Schalottenwürfel, etwas Wasser, Salz und Pfeffer eine pikante Marinade rühren.

4 Die Kopfsalatherzen halbieren, waschen, trockenschwenken und je eines auf einen Teller legen. Den Salat mit der Marinade locker vermengen, nochmals abschmecken und verteilen.

Gemüsespaghetti mit Zitronensauce

Passen besonders gut zu **Olivenbrot mit Fetakäse** (Seite 60).

Zutaten für 4 Personen

400 g Spaghetti
100 g Sellerieknolle
200 g Karotten
20 g Butter
1 Schalotte
50 ml trockener Weißwein
300 g Sahne
Salz
schwarzer Pfeffer
Saft von 1/2 Zitrone
Basilikumblättchen für die Garnitur

⌚ 40 Minuten
Kalorien: 763 kcal/Person

Zubereitung

1 Die Spaghetti in reichlich kochendes Salzwasser geben und etwa zwölf Minuten bissfest garen.

2 In der Zwischenzeit Sellerie und Karotten schälen und in streichholzartige Stifte schneiden. In einem breiten Topf oder in einer Pfanne die Butter heiß schäumend erhitzen. Die Schalotten würfeln und dünsten.

3 Die Gemüsestifte einstreuen und einige Minuten andünsten. Mit Weißwein beträufeln und erst wenn die Flüssigkeit fast aufgesogen ist, mit Sahne aufgießen. Etwa fünf Minuten leise köcheln.

4 Das Sahnegemüse mit Salz, Pfeffer und Zitronensaft pikant abschmecken.

5 Die Spaghetti in einem Sieb abtropfen lassen und sofort mit der Sauce servieren.

Spaghetti schmecken am besten, wenn man sie »al dente« kocht – also so, dass sie gerade noch etwas Biss haben, ohne hart zu sein.

Sauerteigbrote

Bei einigen Sauerteigrezepten haben wir zusätzlich Backpulver verwendet, da das Brot dadurch lockerer wird. Sie können es aber ebenso gut weglassen.

Dunkles Weizenmischbrot

Brot/Teigtyp Vollwert
Programm Brot

Zutaten

1 1/2 TL Trockenhefe
3 EL flüssiger Sauerteig
1 TL Backpulver
350 g Weizenmehl Type 550
150 g Roggenmehl Type 1150
1 TL Aceto Balsamico
1 1/2 TL Salz
2 EL Zucker
1 EL Zuckersirup
320 g Buttermilch

Zum Dunklen Weizenmischbrot passen: gemischter Wurst- und Käseaufschnitt, Eintöpfe. Gefüllte Datteln (siehe Seite 68) schmecken besonders gut dazu.

Graham-Mischbrot

Brot/Teigtyp Vollwert
Programm Brot schnell oder Brot

Zutaten

1 1/2 TL Trockenhefe
3 EL flüssiger Sauerteig
100 g Grahammehl Type 1700
1 TL Backpulver
100 g Roggenmehl Type 1150
300 g Weizenmehl Type 550
1 1/2 TL Salz
310 g Buttermilch
1 TL Zuckersirup
1 TL Sonnenblumenöl

Zum Graham-Mischbrot passen: Wurstsalate, überbackene Gemüsegerichte. Schleschisches Häckerle (siehe Seite 68) schmeckt besonders gut dazu.

Helles Roggenmischbrot

Brot/Teigtyp Vollwert
Programm Brot

Zutaten

1 1/2 TL Trockenhefe
3 EL flüssiger Sauerteig
50 g Weizen- oder Sojaschrot
120 g Roggenmehl Type 1150
380 g Weizenmehl Type 550
1 TL Backpulver
1 EL Zucker
1 1/2 TL Salz
2 EL Magermilchjoghurt
1 EL Pflanzenöl
320 ml Wasser

Rechte Seite: Das Dunkle Weizenmischbrot wird mit Aceto Balsamico und Buttermilch zubereitet. Dadurch erhält es seinen besonders feinen Geschmack.

Zum Hellen Roggenmischbrot passen: Knoblauchbutter oder -paste, bunte Salate. Türkischer Karottensalat (siehe Seite 69) schmeckt besonders gut dazu.

Helles Weizenmischbrot

Brot/Teigtyp Vollwert
Programm Brot

Zutaten

- *1½ TL Trockenhefe*
- *80 g flüssiger Sauerteig*
- *1 TL Backpulver*
- *370 g Weizenmehl Type 550*
- *130 g Roggenmehl Type 1150*
- *30 g Sonnenblumenkerne*
- *1 TL Brotgewürz*
- *1½ TL Salz*
- *275 ml Wasser*

Zum Hellen Weizenmischbrot passen: Käse- und Wurstaufschnitt, Gulaschsuppe.

Je nachdem, wie sehr Sie den Geschmack von Anis mögen, können Sie ein klein wenig mehr oder weniger als einen Esslöffel Anissamen nehmen.

Dinkelbrot mit Anis

Brot/Teigtyp Vollwert
Programm Brot

Zutaten

- *1½ TL Trockenhefe*
- *300 g Dinkelvollkornmehl*
- *100 g Roggenvollkornmehl*
- *1 TL Anissamen*
- *30 g Sonnenblumenkerne*
- *1 TL Salz*
- *2 TL Ahornsirup*
- *4 EL Sauerteig*
- *320 g Buttermilch*
- *1 TL Aceto Balsamico*

Zum Dinkelbrot mit Anis passen: Lachsmousse und geräucherte Fischfilets, Streichkäse.

Rechte Seite: Dinkelvollkornbrot besteht fast ausschließlich aus Dinkelmehl – einer Urform des Weizens, die sehr nährstoffreich ist.

Dinkelvollkornbrot

Brot/Teigtyp Mehrkorn
Programm Brot

Zutaten

- *1½ TL Trockenhefe*
- *350 g grober Dinkelschrot*
- *100 g Dinkelgrieß*
- *100 g Roggenmehl Type 1370*
- *1 TL Zucker*
- *1 TL Salz*
- *4 EL Dinkelschrot*
- *3 EL flüssiger Sauerteig*
- *1 Messerspitze Kumin*
- *360 g Buttermilch*
- *1 TL Backpulver*

Zum Dinkelvollkornbrot passen: vegetarische Brotaufstriche, Käseaufschnitt oder eine feine Gemüsesuppe.

Das passt zu Sauerteigbroten

Die Datteln sollten Sie möglichst frisch in Feinkostläden – oder billiger in türkischen und griechischen Geschäften – kaufen. Ihre Heimat haben die vitaminreichen Früchte aus der Gattung der Ebenholzgewächse in China, Japan und den Mittelmeerländern.

Gefüllte Datteln

Passen besonders gut zum **Dunklen Weizenmischbrot** (Seite 64).

Zutaten für 4 Personen

16 Stück frische Datteln
100 g Doppelrahmfrischkäse
1 Spritzer Tabascosauce
1 Spritzer Zitronensaft
1 TL Weinbrand
1 EL Crème fraîche
Salz
Cayennepfeffer
4 Scheiben dunkles Weizenmischbrot

⌚ 40 Minuten
Kalorien: 366 kcal/Person

Zubereitung

1 Die Datteln waschen, trockentupfen und entsteinen.
2 Den Frischkäse mit Tabascosauce, Zitronensaft, Weinbrand und Crème fraîche cremig verrühren. Mit Salz und Cayennepfeffer abschmecken.
3 Die Datteln mit der Creme füllen und auf einem Servierteller anrichten. Die Brotscheiben in handliche Stäbe schneiden und zwischen die Datteln legen.

Schleschisches Häckerle

Passt besonders gut zu **Graham-Mischbrot** (Seite 64).

Zutaten für 2 Personen

2 Salzheringe
1 l Mineralwasser
50 g Räucherspeck
1 Zwiebel
2 Essiggurken
1 Bund Schnittlauch
Salz
schwarzer Pfeffer
1 Spritzer Essig
2 Scheiben Graham-Mischbrot
1 TL Butter

⌚ 40 Minuten
Kalorien: 801 kcal/Person

Zubereitung

1 Die Salzheringe in eine Schüssel legen, mit einem Liter Mineralwasser begießen, mit Klarsichtfolie abdecken und für etwa zwölf Stunden in den Kühlschrank stellen.
2 Den Räucherspeck sehr fein würfeln. Die Zwiebel schälen und hacken. Anschließend die Essiggurken in feine Würfel schneiden.

3 Die Salzheringe aus dem Wasser nehmen, mit Küchenkrepp trockentupfen, häuten, eventuell noch entgräten und in kleine Würfel schneiden. Den Schnittlauch waschen und in Röllchen schneiden.

4 In einer Schüssel die vorbereiteten Zutaten locker vermengen und mit Salz, Pfeffer sowie mit etwas Essig individuell abschmecken.

5 Die Brotscheiben mit Butter dick bestreichen und darauf die Heringsmischung verteilen.

Tip: Dazu Quark und Pellkartoffeln genießen und ausreichend Getränke bereithalten.

Türkischer Karottensalat

Passt besonders gut zu **Hellem Roggenmischbrot** (Seite 64).

Zutaten für 4 Personen
500 g Karotten
2 Knoblauchzehen
4 EL Olivenöl
Salz
Schwarzer Pfeffer
100 g Vollmilchjoghurt

⏲ 70 Minuten
Kalorien: 155 kcal/Person

Zubereitung

1 Die Karotten schälen und auf einer Küchenreibe fein raspeln. Die Knoblauchzehen schälen und hacken.

2 Das Olivenöl erhitzen und darin die Karottenraspel unter ständigem Rühren einige Minuten andünsten. Mit Salz und Pfeffer würzen.

3 Den Pfanneninhalt mit Joghurt vermengen und für etwa eine Stunde in den Kühlschrank stellen.

Tip: Mit gehackter glatter Petersilie oder etwas Basilikum garnieren.

Zur Zeit des Osmanischen Großreiches galt die Karotte als Fruchtbarkeitssymbol. Heute schätzen Ernährungswissenschaftler sie wegen ihres hohen Gehalts an Provitamin A.

Früchtebrote

Das Bananen-Honig-Brot ist die ideale Nervennahrung. Bananen sind wichtige Kalium-, Kalzium- und Magnesiumlieferanten, und Honig enthält wertvolle Enzyme.

Bananen-Honig-Brot

Brot/Teigtyp Normal
Programm Brot oder Rosinen

Zutaten

- *1 1/2 TL Trockenhefe*
- *400 g Weizenmehl Type 550*
- *1 TL brauner Zucker*
- *2 TL Honig*
- *1 TL Trockenmilch*
- *1 EL Backpulver*
- *1 TL Salz*
- *1 Prise gemahlener Zimt*
- *150 g zerdrückte Bananen*
- *30 g klein geschnittene getrocknete Bananen*
- *30 g Butter*
- *30 g geröstete Sonnenblumenkerne*
- *130 ml Wasser*

Zum Bananen-Honig-Brot passen: verschiedene Sorten Marmeladen und Gelees, Schokoladenbrotaufstrich. Aufstrich von Trockenfrüchten (siehe Seite 74) schmeckt besonders gut dazu.

Tip: Hier bieten sich verschiedene Honigsorten an: vom Akazien- bis hin zum besonders enzymreichen Mischblütenhonig.

Rechte Seite: Für das Bananen-Honig-Brot – ein reichhaltiges Brot, das man fast als Kuchen genießen kann – verwenden Sie frische und getrocknete Bananen.

Kirschjoghurtbrot

Brot/Teigtyp Normal
Programm Brot oder Rosinen

Zutaten

- *1 1/2 TL Trockenhefe*
- *450 g Weizenmehl Type 550*
- *150 g Kirschjoghurt*
- *2 EL Kirschlikör oder Amaretto (Mandellikör)*
- *30 g entsteinte, klein geschnittene Kirschen*
- *3 TL Trockenmilchpulver*
- *1 TL Salz*
- *1 TL brauner Zucker*
- *1 EL Backpulver*
- *1 TL Honig*
- *50 g Apfelmus*
- *1 TL abgeriebene Orangenschale*
- *30 g fein gemahlene Walnüsse oder Pekannüsse*
- *1 TL Butter*
- *100 ml Wasser*

Zum Kirschjoghurtbrot passen: verschiedene Kräutertees, Kaffee und verschiedene Honig- und Marmeladensorten. Die delikate Quarkcreme mit Sauerkirschen (siehe Seite 74) schmeckt besonders gut dazu.

Um 1920 beschrieb der Schweizer Arzt Dr. Bircher-Brenner erstmals eine aus Äpfeln, Haferflocken und Nüssen bestehende Speise, die bald als »Muesli« bekannt wurde. Kreieren Sie Ihre ureigene Müslivariante.

Feigen-Müsli-Brot

Brot/Teigtyp Normal
Programm Brot oder Rosinen

Zutaten

1½ TL Trockenhefe
450 g Weizenmehl Type 550
50 g Früchtemüsli
1 EL Zucker
1 EL Backpulver
1 TL Salz
20 g Pistazien
1 EL Butter
1 TL Ingwerpulver
50 g zerdrückte frische Feigen
20 g Sonnenblumenkerne
100 ml Apfelsaft
180 ml Wasser

Zum Feigen-Müsli-Brot passen: verschiedene Streichkäsesorten, vegetarische Brotaufstriche, Wald- oder Blütenmischhonig und Marmeladen. Schinkenquark (siehe Seite 75) schmeckt besonders gut dazu.

Dattel-Rosinen-Brot

Brot/Teigtyp Rosinenbrot
Programm Brot oder Rosinen

Zutaten

1½ TL Trockenhefe
450 g Weizenmehl Type 550
1 EL Milchpulver
1 EL Backpulver
2 TL Honig, 1 TL Salz
1 EL Butter
280 ml Wasser

Zugabe für das Rosinenprogramm

30 g Rosinen
30 g klein geschnittene Datteln
4 EL geröstete Haselnüsse

Zum Dattel-Rosinen-Brot passen: Erdnusscreme, Schokoladencreme, Marmeladen, Gelees oder ein pikanter Käseaufschnitt. Gorgonzolacreme (siehe Seite 75) schmeckt besonders gut dazu.

Aprikosen-Apfel-Brot

Brot/Teigtyp Normal
Programm Brot oder Rosinen

Zutaten

1 TL Trockenhefe
350 g Weizenmehl Type 550
100 g Weizenmehl Type 1050
1 EL Backpulver, 1 TL Salz
50 g Magerjoghurt
1 TL gemahlener Zimt
1 TL gemahlener Ingwer
2 TL Honig
3 EL gehackte Walnüsse
1 EL Butter

50 g klein geschnittene Apfelstücke (am besten Granny Smith)

30 g klein geschnittene, getrocknete Aprikosen

100 ml Aprikosensaft

120 ml Wasser

Zum Aprikosen-Apfel-Brot passen: süße Brotaufstriche, Kaffee- und Eisspezialitäten. Joghurtgelee mit Apfel (siehe Seite 75) schmeckt besonders gut dazu.

Tropisches Früchtebrot

Brot/Teigtyp Rosinenbrot
Programm Brot oder Rosinen

Zutaten

$1^1/_2$ TL Trockenhefe

450 g Weizenmehl Type 550

1 TL Backpulver

1 EL Milchpulver

30 g Kokosflocken

30 g grob gemahlene Mandeln

2 EL Honig

1 TL Salz

1 EL Butter

300 ml Wasser

Zugabe für das Rosinenprogramm

30 g Weizenkörner oder Sonnenblumenkerne (etwa 8 Stunden vorher einweichen)

50 g klein geschnittene, frische tropische Früchte (z. B. Ananas, Mango, Papaya, Banane oder Khaki)

Tip: Anstelle der Weizenkörner können Sie auch drei Esslöffel Gersten- oder Dinkelschrot, anstelle der frischen tropischen Ananas-, Mango-, Papaya-, Bananen- oder Khakifrüchte Trockenfrüchte Tropic verwenden.

Zum Tropischen Früchtebrot passen: Rohkostsalate, gemischte Käseplatte, Butter und verschiedene Quarkmischungen. Dazu natürlich auch diverse cremige Suppen und leckere vegetarische Brotaufstriche. Rotkohl-Rohkost mit verschiedenen Trockenfrüchten schmeckt besonders gut dazu.

Das Früchtebrot könnte auch »Enzymbrot« heißen – Ananas, Mangos, Papayas, Khakis und Bananen sind nämlich Hauptenzymlieferanten und »Katalysatoren«, die den Stoffwechsel regulieren.

Das passt zu Früchtebroten

Ernährungswissenschaftler empfehlen Ahornsirup als Zuckerersatz, da er im Gegensatz zu diesem Eiweiß enthält und vom Organismus besser abgebaut wird.

Aufstrich von Trockenfrüchten

Passt besonders gut zu **Bananen-Honig-Brot** (Seite 70).

Zutaten für 4 Personen

200 g gemischte, ungeschwefelte Trockenfrüchte (z. B. Aprikosen, Pflaumen, Mangos, Ananas)
250 ml naturreiner Apfelsaft
Saft von 1/2 Zitrone
2 EL Ahornsirup
1 EL Kokosraspel

⌚ 40 Minuten
Kalorien: 212 kcal/Person

Zubereitung

1 Die gemischten Trockenfrüchte in heißem Wasser so lange wässern, bis das Wasser klar bleibt. In einem Sieb abtropfen lassen und anschließend grob zerschneiden.

2 Die zerkleinerten Trockenfrüchte in einem Topf mit dem naturreinen Apfelsaft gut verrühren und etwa 20 Minuten leise köcheln lassen.

3 Den Topfinhalt im Küchenmixer zusammen mit dem Zitronensaft sowie dem Ahornsirup mittelfein pürieren. In ein Glas oder einen Steinguttopf geben und mit Klarsichtfolie verschließen.

4 Entweder sofort oder innerhalb von vier bis sechs Tagen, mit den Kokosraspeln bestreut, verzehren.

Tip: Nach Belieben eine Sorte Früchte wählen, z. B. Dörrpflaumen, und diese mit Zwetschenwasser abschmecken.

Quarkcreme mit Sauerkirschen

Passt besonders gut zu **Kirschjoghurtbrot** (Seite 70).

Zutaten für 4 Personen

500 g Quark (Magerstufe)
2 EL Honig
50 g Weizenkeime
2 EL Kirschsaft
200 g entsteinte Sauerkirschen (Glas)

⌚ 10 Minuten
Kalorien: 226 kcal/Person

Zubereitung

1 Den Magerquark mit Honig, Weizenkeimen und zwei Esslöffeln Kirschsaft cremig rühren.

2 Den angemachten Quark in vier Schälchen verteilen und mit den Sauerkirschen belegen.

Schinkenquark

Passt besonders gut zu **Feigen-Müsli-Brot** (Seite 72).

Zutaten für 4 Personen

150 g gekochter Schinken
1 Bund Schnittlauch
500 g Quark
4 EL Sahne

🕒 15 Minuten
Kalorien: 222 kcal/Person

Zubereitung

1 Den Schinken klein würfeln.
2 Den Quark mit der Sahne cremig rühren. Schinkenwürfel und Schnittlauchröllchen zugeben.

Gorgonzolacreme

Passt besonders gut zu **Dattel-Rosinen-Brot** (Seite 72).

Zutaten für 4 Personen

200 g Gorgonzola
100 g Mascarpone
100 g saure Sahne
50 g gehackte Walnusskerne

🕒 15 Minuten
Kalorien: 373 kcal/Person

Zubereitung

1 Den Gorgonzola in einer Schüssel mit einer Gabel vorsichtig zermusen. Anschließend den Mascarpone sowie die saure Sahne untermengen.
2 Mit den gehackten Walnusskernen garnieren.

Joghurtgelee mit Apfel

Passt besonders gut zu **Aprikosen-Apfel-Brot** (Seite 72).

Zutaten für 4 Personen

1/8 l naturtrüber Apfelsaft
8 Blatt weiße Gelatine
500 g Joghurt, 1 süßer Apfel
50 g Rosinen
5 cl Rum oder Apfellikör
Zucker nach Geschmack

🕒 30 Minuten
Kalorien: 301 kcal/Person

Zubereitung

1 Den Apfelsaft erhitzen und darin die Gelatine auflösen. Den Topfinhalt mit dem Joghurt gründlich verrühren. Abdecken und für ein bis zwei Stunden kühl stellen.
2 Den Apfel schälen, entkernen und würfeln. Mit den Rosinen, dem Alkohol sowie dem Zucker vermengen.

Stellen Sie die fertige Gorgonzolacreme am besten einige Stunden kalt, ehe Sie sie zusammen mit Dattel-Rosinen-Brot genießen.

Feine Sonntagsbrote

Ideal eignet sich Weißbrot Parisienne zum Tunken in eine würzige Tomatensuppe oder in die Kalte Gemüsesuppe aus Spanien (siehe Seite 31).

Feines Teebrot für zwei

Brot/Teigtyp Normal
Programm Brot oder Rosinen

Zutaten

1 1/2 TL Trockenhefe
500 g Weizenmehl Type 550
1 Päckchen Vanillezucker
1 TL Akazienhonig oder Blütenmischhonig
1 TL Salz
1 TL gehackter Ingwer
20 g gehackte Mandeln
40 g Sultaninen
1 EL Whiskey
1 Ei
100 ml Sahne oder Kondensmilch
230 ml Wasser

Tip: Teebrot vom Vortag in den Tee stippen. Wahlweise mit ein bis zwei Esslöffeln Rosinen backen.

Zum Feinen Teebrot für zwei passen: zum Nachmittagstee Teebutter, Marmeladen und besonders Akazienhonig. Süß-saures Blutorangengelee mit Buttermilch (siehe Seite 80) schmeckt besonders gut dazu.

Weißbrot Parisienne

Brot/Teigtyp Normal
Programm Brot

Zutaten

1 1/2 TL Trockenhefe
500 g Weizenmehl Type 405
1 EL Zucker, 1 Ei
1 EL Salz
2 EL Butter
320 ml Wasser

Zum Weißbrot Parisienne passen: pikante Käsesorten und ein Gläschen Rotwein. Tomatensuppe mit Gin (siehe Seite 80) schmeckt besonders gut dazu.

Englisches Toastbrot

Brot/Teigtyp Schnell
Programm Brot

Zutaten

1 1/2 TL Trockenhefe
500 g Weizenmehl Type 405
2 TL Salz
1 TL Zucker
2 TL Butter
50 g Sonnenblumenkerne
310 ml Wasser

Rechte Seite: Das Feine Teebrot wird mit Ingwer, Mandeln und Rosinen zubereitet und schmeckt natürlich auch zum Kaffee.

Tip: Ein oder zwei Tage altes Toastbrot im Toaster rösten – schmeckt köstlich.

Zum Englischen Toastbrot passen: Kräuter- und Frischkäseaufstriche, Kräuterbutter, Akazienhonig, Marmeladen, Schinken, Käse. Schleckermäuler genießen das Englische Toastbrot mit Nuss-Nougat-Creme, die auf dem warmen Toast wie flüssige Schokolade schmeckt.

Glutenfreies Brot

Brot/Teigtyp Normal
Programm Brot

Zutaten

1 1/2 TL Trockenhefe
400 g Fertigmehl (Damia Fertigmehl)
100 g Weizenstärke
30 g Leinsamen
1 TL Salz
1 EL Zucker
200 ml Wasser
200 ml Milch

Das Glutenfreie Brot ist ideal für Personen mit Eiweiß-Verdauungsstörungen (Zöliakie/Sprue). Die in der Weizenstärke vorhandenen geringen Eiweißmengen verträgt der Organismus in der Regel.

Tip: Das Fertigmehl Damia ist bei der Firma Maizena Diät GmbH in Heilbronn und in Reformhäusern und Naturkostläden erhältlich.

Zum Glutenfreien Brot passen: Käse, Schinken, bunte Salate und Suppen. Feldsalat mit Walnüssen (siehe Seite 81) schmeckt besonders gut dazu.

Schoko-Kokos-Brot

Brot/Teigtyp Normal
Programm Brot oder Rosinen

Zutaten

1 1/2 TL Trockenhefe
450 g Weizenmehl Type 550
50 g Schokoladencrisp zum Backen
1 TL Ahornsirup
80 g Kokosraspel
2 EL flüssiger, starker Espresso
1 TL Salz
1 Ei
1 TL Kakaopulver
1 EL Butter
1 EL Schokoladen- oder Nusslikör
30 g grob gehackte, geröstete Haselnüsse
100 g Sahne oder Kondensmilch
150 ml Wasser

Zum Schoko-Kokos-Brot passen: gesalzene Butter, Blütenmischhonig, verschiedene Marmeladensorten, Irish Coffee, heiße Schokolade oder Tee. Bananenshake (siehe Seite 81) schmeckt besonders gut dazu.

Kaffeehausbrot

Brot/Teigtyp Normal
Programm Brot

Zutaten

1 TL Trockenhefe
450 g Weizenmehl Type 405
1 EL Honig
1 TL Salz
2 EL Butter
1 Ei
30 g grob gehackte, geröstete Pistazien
30 g geröstete Sonnenblumenkerne
150 ml Wasser
100 ml Milch

Zum Kaffeehausbrot passen: österreichische Teebutter, Marmeladen, süße und pikante Brotaufstriche, Spiegel- oder Rühreier. Auch verschiedene Honigarten, z. B. der würzige Waldhonig. Nussaufstrich mit Karotten beispielsweise schmeckt besonders gut dazu.

Wenn Sie das Schoko-Kokos-Brot mit dem Rosinenprogramm backen, werden die Schokocrisps und Haselnüsse nicht zerkleinert.

Das passt zu Sonntagsbroten

In Südfrankreich und im Baskenland wird Blutorangengelee gerne zu Toastbrot mit Honig serviert.

Blutorangengelee

Passt besonders zum **Feinen Teebrot für zwei** (Seite 76).

Zutaten für 4 Personen

6 Blatt rote Gelatine
250 g saure Sahne
125 ml Blutorangensaft
125 ml Buttermilch
100 g Zucker
Saft und abgeriebene Schale von ½ Zitrone

⏱ 30 Minuten ohne Kühlzeit
Kalorien: 268 kcal/Person

Zubereitung

1 Die Gelatine in kaltem Wasser einweichen. Mit einem elektrischen Handrührgerät saure Sahne, Blutorangensaft, Buttermilch, Zucker sowie Zitronenschale und -saft verquirlen.

2 Die Gelatine gut ausdrücken und nach Packungsaufschrift in der Mikrowelle oder in einigen Esslöffeln heißem Wasser verflüssigen.

3 Die Gelatine gründlich unter die Creme rühren und diese in Portionsschalen füllen. Zum Erstarren etwa zwei Stunden in den Kühlschrank stellen.

Tip: Ein bis zwei Tage altes Feines Teebrot in einer Pfanne rösten und mit Blutorangengelee bestreichen.

Tomatensuppe mit Gin

Passt besonders gut zu **Weißbrot Parisienne** (Seite 76).

Zutaten für 4 Personen

2 Knoblauchzehen
2 Zwiebeln
1 kg Tomaten
4 EL Olivenöl
2 EL Wacholderschnaps (Gin)
1 l Gemüse- oder Fleischbrühe
2 EL Butter
1 EL Mehl
1 Prise Zucker
1 EL frisch gehackte Kräuter, z. B. Basilikum, Petersilie, Majoran

⏱ 60 Minuten
Kalorien: 267 kcal/Person

Zubereitung

1 Knoblauch und Zwiebeln abziehen und fein würfeln. Die Tomaten waschen und grob zerschneiden.

2 In einem Topf das Olivenöl erhitzen. Zwiebel- und Knoblauchwürfel darin glasig dünsten. Die Tomatenstücke hinzufügen und unter mehrmaligem leichten Rühren etwa fünf Minuten durchrösten.

3 Mit Wacholderschnaps ablöschen und mit Brühe aufgießen. Nach Geschmack salzen und pfeffern. Bei kleiner Hitze etwa 30 Minuten köcheln.

4 In einem Topf aus Butter und Mehl eine helle Schwitze rühren. Die Tomatensuppe durch ein Sieb zur Mehlschwitze geben. Weitere fünf Minuten leise köcheln lassen. Mit Zucker abschmecken und die Kräuter einrühren.

Feldsalat mit Walnüssen

Passt besonders gut zu **Glutenfreiem Brot** (Seite 78).

Zutaten für 4 Personen

400 g Feldsalat
2 Schalotten
5 EL Sonnenblumenöl
4 EL Sherry-Essig
Salz
Schwarzer Pfeffer
1 Prise Zucker
50 g gehackte Walnüsse

20 Minuten
Kalorien: 234 kcal/Person

Zubereitung

1 Den Feldsalat putzen, gründlich waschen und abtropfen lassen. Die Schalotten abziehen und fein würfeln.

2 Aus Sonnenblumenöl, Essig, Schalottenwürfeln, Salz, Pfeffer und dem Zucker eine pikante Marinade rühren.

3 In einer größeren Schüssel den Feldsalat, die Marinade und die gehackten Walnüsse locker vermengen.

Da der an Vitaminen und Spurenelementen reiche Feldsalat etwas bitter schmeckt, können Sie je nach Geschmack die Zuckermenge erhöhen oder Zuckermelasse verwenden.

Bananenshake

Passt besonders gut zu **Schoko-Kokos-Brot** (Seite 78).

Zutaten für 1 Person

1 Banane
200 ml Milch
1 EL Honig
2 EL gemahlene Walnüsse

5 Minuten
Kalorien: 479 kcal/Person

Zubereitung

1 Die Banane schälen und in Scheiben schneiden.

2 Sämtliche Zutaten in den Küchenmixer geben und kräftig aufschäumen.

3 Kühl servieren.

Brotbackmaschine und Backofen kombiniert

Auch schmackhafte Erdbeeren, süße Nektarinen oder fruchtige Aprikosen eignen sich ausgezeichnet zum Belegen des Blechkuchens.

Belegter Blechkuchen

Brot/Teigtyp Normal
Programm Teig

Zutaten

1 1/2 TL Trockenhefe
500 g Weizenmehl Type 405
1 TL Salz
100 g Zucker
125 ml Milch
125 g Sahne
100 g Butter
1 Ei

Zum Belegen

Frische Früchte, z. B. Pflaumen, Äpfel oder Kirschen
1 TL Zimt
Zucker

Zubereitung

1 Den Teig aus der Maschine nehmen, nochmals kräftig durchkneten und auf einer bemehlten Arbeitsfläche auswellen.

2 Ein Backblech ausfetten und mit dem Teig auskleiden. Etwa 30 Minuten gehen lassen. Den Backofen auf 200 °C vorheizen.

3 Den Teig nach Belieben mit den frischen Früchten belegen und mit Zimt und Zucker bestreuen.

4 Den Früchtekuchen in den vorgeheizten Ofen schieben und etwa 25 Minuten backen.

Zum Belegten Blechkuchen passen: verschiedene Früchtetees, Cappuccino, Espresso und viel Sahne für den Kuchen obendrauf. Eierlikörsahne (siehe Seite 91) schmeckt besonders gut dazu.

Brioches

Brot/Teigtyp Normal
Programm Teig

Zutaten

1 1/2 TL Trockenhefe
350 g Weizenmehl Type 405
50 g Zucker
1 EL Salz
100 g Butter
3 Eigelbe
etwas abgeriebene Schale von 1 Zitrone

1/2 Päckchen Vanillezucker
120 ml Wasser

Zum Bestreichen
1 verquirltes Eigelb

Zubereitung

1 Den fertigen Teig aus der Maschine nehmen und auf einer bemehlten Arbeitsfläche einige Minuten durchkneten.
2 Aus dem Teig etwa 20 Kugeln formen. Von jeder Teigkugel ein kleines Stück Teig abnehmen und aus diesem ein Kügelchen formen. Auf je eine große Kugel Teig eine kleine obenauf setzen.
3 Den Backofen auf 200 °C vorheizen. Die Teigkugeln auf ein gefettetes Backblech legen und etwa 30 Minuten im Ofen gehen lassen.
4 Die Teigkugeln mit verquirltem Eigelb bestreichen und im Ofen etwa 30 Minuten backen.

Tip: Verwenden Sie spezielle Briocheförmchen.

Zu Brioches passen: Lindenblütenhonig, Schokoladen- und Nussaufstriche, Bitter, Milchkaffee. Der beschwipste Fruchtsalat (siehe Seite 91) schmeckt besonders gut dazu.

Butterkuchen mit Zuckermandeln

Brot/Teigtyp Normal
Programm Teig

Zutaten
500 g Weizenmehl Type 405
1 frischer Hefewürfel
3 EL Zucker
250 ml lauwarme Milch
3 Eigelbe, 2 EL Butter
1 Prise Salz

Zum Belegen
180 g Butter
1 Päckchen Vanillezucker
1 EL Zimt
100 g Zucker
50 g gehobelte Mandeln

Zubereitung

1 Das Mehl in den Backbehälter geben und mit der Hand eine Vertiefung formen. Die Hefe in die Vertiefung bröseln, den Zucker darüber rieseln und die Milch darüber gießen.
2 Eigelb, Butter und Salz hinzufügen und den automatischen Teigbetrieb einstellen.
3 Den fertigen Teig auf einer bemehlten Arbeitsfläche auswellen. Ein Backblech mit gefettetem Backpapier belegen und darauf den Teig geben.

Brioches sind sehr kalorienreich, gönnen Sie sie sich daher als etwas »Besonderes« zum Nachmittagskaffee oder -tee.

Die Brotbackmaschine mit dem Backofen zu kombinieren ist eine zeitsparende Möglichkeit, um gutes Backwerk herzustellen, das doch nicht wie Brot aussieht.

4 Mit einem Kochlöffelstiel in den Teig gleichmäßig leichte Vertiefungen drücken. In diese Teigvertiefungen die Butterstückchen verteilen. Dann den Zucker und anschließend die gehobelten Mandeln darüber streuen.

5 Den Teig etwa 30 Minuten ruhen lassen, und den Backofen auf 180 °C vorheizen. Den Kuchen in den Backofen schieben und etwa 30 Minuten goldgelb backen.

Zum Butterkuchen mit Zuckermandeln passen: diverse Kaffeespezialitäten, Milchshakes, kalte Mixgetränke. Kaffee Diable (siehe Seite 92) schmeckt besonders gut dazu.

Brotstangen

Brot/Teigtyp Normal
Programm Teig

Zutaten

1 TL Trockenhefe
350 g Weizenmehl Type 550
120 g Weizenmehl Type 405
2 EL Zucker
1 TL Salz
60 g Butter
100 ml Milch
180 ml Wasser

Rechte Seite: Brotstangen passen zu jedem Gericht – Sie können sie sowohl zu süßen als auch zu deftigen Beilagen reichen.

Zubereitung

1 Die Zutaten der Reihe nach in den Backbehälter geben und auf automatischen Teigbetrieb einstellen.

2 Den fertigen Teig aus der Maschine nehmen und auf einer bemehlten Arbeitsfläche durchkneten.

3 Den Teig in Stücke von beliebiger Länge und Dicke formen. Die Brotstangen auf ein gefettetes Backblech legen und etwa 30 Minuten ruhen lassen. In der Zwischenzeit den Backofen auf 200 °C vorheizen.

4 Die Brotstangen in den Ofen schieben und etwa 30 Minuten goldbraun backen. Etwas abkühlen lassen.

Tip: Die Brotstangen in Gewürze oder Körnern Ihrer Wahl wälzen. Variieren Sie das Rezept, indem Sie statt Milch frische Buttermilch oder probiotischen Trinkjoghurt verwenden.

Zu den Brotstangen passen: alle Sorten von süßen und pikanten Brotaufstrichen, Wurst-, Schinken- und Käseaufschnitt. Die Thunfischcreme (siehe Seite 92) schmeckt besonders gut dazu.

Rosinenbrötchen

Brot/Teigtyp Normal
Programm Teig oder Rosinen

Zutaten

$1^1/_2$ TL Trockenhefe
400 g Weizenmehl Type 405
50 g Zucker
60 g zimmerwarme Butter
1 Ei
50 g Rosinen
150 ml Milch

Zum Bestreichen

50 g flüssige Butter

Zubereitung

1 Den Teig aus der Maschine nehmen und auf einer bemehlten Arbeitsfläche durchkneten.
2 Aus dem Teig gleich große Kugeln formen und diese auf ein gefettetes Backblech geben.
3 Die Rosinenbrötchen mit Butter bestreichen und etwa 30 Minuten gehen lassen. Den Backofen auf 200 °C vorheizen.
4 Die Rosinenbrötchen in den Ofen schieben und in 20 bis 30 Minuten (je nach Größe!) goldbraun backen.

Zu den Rosinenbrötchen passen: Teebutter, Waldhonig, Marmeladen und Milchshakes. In Westfalen stippt man die Brötchen auch gerne in Kaffee. Die Rum-Schoko-Milch (siehe Seite 93) schmeckt besonders gut dazu.

Rosinen ist ein Sammelbegriff für die (in der Sonne oder auch künstlich) getrockneten nahrhaften Früchte verschiedener Weinbeerensorten; die beste Ware kommt aus Griechenland und der Türkei.

Nudelteig

Brot/Teigtyp Normal
Programm Teig

Zutaten

500 g Weizenmehl Type 405
5 Eier
5 EL Wasser
1 TL Salz
Mehl für die Arbeitsfläche

Zubereitung

1 Den noch dünnen Teig aus der Maschine nehmen und mit etwas Mehl kräftig durchkneten.
2 Den Teig dünn auswellen und kurz trocknen lassen.
3 Anschließend aus dem Teig Nudeln schneiden und diese in kochendes Salzwasser geben. Die Nudeln einige Minuten kochen lassen, abgießen und mit einer feinen Sauce sofort genießen.

Zum Nudelteig passen: Tomatensauce, Krabbensauce, Sauce bolognese, Käsesauce. Gemüsesauce (siehe Seite 93) schmeckt besonders gut dazu.

Pizzateig, klassisch

Brot/Teigtyp Normal
Programm Teig

Zutaten

1 TL Trockenhefe
400 g Weizenmehl Type 405
200 ml Wasser
1 TL Zucker
4 EL Olivenöl
1 1/2 TL Salz

Tip: Wenn Sie spezielle Pizzen (beispielsweise mit Schinken, Champignons, Salami oder Thunfisch) zubereiten wollen, empfiehlt es sich, gleich beim Einkauf auf die entsprechenden Zutaten zu achten. Tomatenmark benötigen Sie in jedem Fall.

Zubereitung

1 Den fertigen Teig aus der Maschine nehmen und auf einer bemehlten Arbeitsfläche durchkneten.

2 Ein Backblech mit Olivenöl ausstreichen, den Teig dünn auswellen und darauf legen. Den Teig etwa 20 Minuten ruhen lassen. Den Backofen auf 200 °C vorheizen.

3 Den Pizzateig nach Belieben belegen. Die Pizza etwa 20 Minuten fertig backen.

Roggenbrötchen

Brot/Teigtyp Normal
Programm Teig

Zutaten

1 TL Trockenhefe
100 g Roggenmehl Type 1150
200 g Weizenmehl Type 1050
30 g eingeweichter Roggenschrot
1 TL Zucker
1 TL Salz
150 g Magermilchjoghurt
100 ml Wasser
30 g Butter

Tip: Variieren Sie das Rezept, indem Sie überhaupt kein Wasser verwenden; nehmen Sie anstatt 150 g Magermilchjoghurt einfach 250 g. Die Brötchen schmecken dann milchiger.

Zubereitung

1 Den fertigen Teig aus der Maschine nehmen und auf einer bemehlten Arbeitsfläche durchkneten.

2 Aus dem Teig kleine Brötchen formen, auf ein gefettetes Backblech legen und etwas ruhen lassen. Den Backofen auf 200 °C vorheizen.

3 Die Roggenbrötchen etwa 15 Minuten (je nach Größe!) lang backen.

Statt Wasser können Sie zum Ansetzen des Pizzateigs auch dieselbe Menge Buttermilch verwenden – der Teig wird dann etwas lockerer und schmeckt leichter.

Variieren Sie das Laugenbrezenrezept, indem Sie die Brezen nicht mit Salz, sondern mit Sesam oder anderen Körnern bestreuen.

Rechte Seite: Laugenbrezen – eine bayerische Spezialität – bekommen ihren besonderen Geschmack durch die Lauge, das Natron.

Weißbrotstangen

Brot/Teigtyp Normal
Programm Teig

Zutaten

2 TL Trockenhefe
500 g Weizenmehl Type 405
1 TL Zucker
1 TL Salz
2 EL Olivenöl
220 ml Wasser

Zubereitung

1 Den fertigen Teig aus der Maschine nehmen und auf einer bemehlten Arbeitsfläche mehrmals durchkneten. Einige Minuten liegen lassen.

2 Den Teig in vier gleich große Stücke teilen und jedes Stück zu einer länglichen Brotstange formen. Anschließend jede Brotstange auf der Oberfläche mit einem Messer quer einschneiden und etwa 30 Minuten ruhen lassen.

3 Den Backofen auf 180 °C vorheizen. Die Weißbrotstangen auf ein gefettetes Blech legen, in den vorgeheizten Backofen schieben und etwa 20 Minuten knusprig backen.

Tip: Wählen Sie einen würzigen, pikanten Aufstrich.

Laugenbrezen

Brot/Teigtyp Normal
Programm Teig

Zutaten

1 TL Trockenhefe
200 g Weizenmehl Type 550
200 g Weizenvollkornmehl
1 TL Jodsalz
1 TL Zucker
30 g Butter
225 g Buttermilch

Außerdem

5 g Natron
grobes Salz

Tip: Frische Brezen können Sie zu jedem Anlass und zu jeder Tageszeit servieren: am Morgen, in der Mittagspause, zum Nachmittagstee, zur Abendbrotzeit. Besonders gut schmecken die Brezen mit Butter und Käse.

Zubereitung

1 Den Teig aus der Maschine nehmen und auf einer bemehlten Arbeitsfläche durchkneten.

2 Den Backofen auf 220 °C vorheizen und ein Backblech ausfetten. Aus dem Brezenteig etwa 15 dünne, gleich lange Stränge rollen. Diese möglichst kunstvoll zu Brezen formen.

3 In einem Topf einen halben Liter Wasser mit Natron aufkochen. Den Topf vom Herd ziehen und die Brezen in die Lauge tauchen. Die Brezen mit grobem Salz bestreuen.

4 Brezen 25 Minuten backen.

Vanillefrühstücks-hörnchen

Brot/Teigtyp Normal
Programm Teig

Zutaten

1 1/2 TL Trockenhefe
500 g Weizenmehl Type 550
250 g Magermilchjoghurt
2 Päckchen Vanillezucker
Mark einer frischen Vanilleschote
1 TL Zucker
1 TL Salz
100 ml Milch

Kalorien: 172 kcal/Stück

Zubereitung

1 Teig aus der Maschine nehmen und kneten.

2 Aus dem Teig etwa zwölf Dreiecke schneiden, diese aufrollen und die Enden zu einem Hörnchen zusammenformen.

3 Mit einem verquirlten Eigelb bestreichen und bei 220 °C etwa 20 Minuten backen.

Für die Glasur des Vanillehörnchens benötigen Sie 90 Gramm Puderzucker und zwei bis drei Esslöffel Wasser; zum Bestreichen etwas flüssige Butter.

Hefenusskranz

Brot/Teigtyp Normal
Programm Teig oder Rosinen-Teig

Zutaten

1 1/2 TL Trockenhefe
450 g Weizenmehl Typ 550
30 g Zucker
1 TL Jodsalz, 1 Ei
30 g Zitronat, 30 g Orangeat
3 EL Rosinen
230 ml lauwarme Milch

Für die Füllung

250 g grob gehackte Haselnüsse
40 g gehackte Walnüsse
30 g Semmelbrösel, 80 g Zucker
2 TL Rum, 125 ml Wasser

Kalorien: 5172 kcal/gesamt

Zubereitung

1 Den fertigen Teig in drei Portionen teilen.

2 Etwa 1/2 Zentimenter dick auswellen, die Nussfüllung darauf streichen und aufrollen.

3 Die gefüllte Hefeteigrolle in eine gefettete Kranzform geben und die Teigoberfläche mit der flüssigen Butter bestreichen.

4 Im auf 190 °C vorgeheizten Backofen 50 Minuten backen.

5 Den Nusskranz aus dem Backofen nehmen, kurz erkalten lassen und vorsichtig stürzen.

Das passt dazu

Eierlikörsahne

Passt besonders gut zu **Blechkuchen** (Seite 82).

Zutaten für 4 Personen

250 g Sahne
1 EL Zucker
5 cl Eierlikör

Zum Bestäuben

Kakaopulver und Puderzucker

⏲ 10 Minuten
Kalorien: 237 kcal/Person

Zubereitung

1 Mit einem elektrischen Handrührgerät die Sahne mit dem Zucker steif schlagen.
2 Den Eierlikör vorsichtig unter die Sahne rühren. Die Eierlikörsahne in eine Servierschüssel füllen und mit Kakaopulver und Puderzucker bestäuben.

Beschwipster Fruchtsalat

Passt besonders gut zu **Brioches** (Seite 82).

Zutaten für 2 Personen

1 Orange
2 Mandarinen
200 g Kirschen
1 Birne
1 Banane
2 EL Maraschinokirschen
2 EL Zitronensaft
5 cl Kirschwasser
Zucker nach Geschmack

⏲ 10 Minuten
Kalorien: 438 kcal/Person

Zubereitung

1 Die Orange und die Mandarinen mit einem Messer so schälen, dass auch die weiße Haut entfernt wird. Mit dem Messer zwischen den Häuten die Fruchtfilets herausschneiden. Von dem restlichen Fruchtfleisch den Saft herauspressen.
2 Die Kirschen waschen und entsteinen. Die Birne schälen, entkernen und in dünne Scheibchen schneiden. Die Banane schälen und in Scheiben schneiden.
3 Alle Zutaten in einer Schüssel locker vermengen und individuell abschmecken.

Tip: Bei der Zubereitung des Fruchtsalates für das Frühstück sollte man den Alkohol lieber weglassen.

Statt mit Kirschen können Sie den Fruchtsalat auch mit Pflaumen zubereiten. Natürlich verwenden Sie dann kein Kirsch-, sondern analog Pflaumenwasser.

Der »teuflische« Kaffee erhält seinen besonderen Geschmack durch den Triple sec. Die Menge können Sie ganz nach Geschmack variieren.

Kaffee Diable

Passt besonders gut zu **Butterkuchen mit Zuckermandeln** (Seite 83).

Zutaten für 1 Person

1 EL Zucker
4 cl Weinbrand
1 große Tasse Kaffee
je 1 kleine Zitronen- und Orangenschale
4 cl Curaçao Triple sec
2 EL dickflüssige Sahne

10 Minuten
Kalorien: 362 kcal/Person

Zubereitung

1 Den Zucker unter ständigem Rühren in einem kleinen Topf schmelzen lassen. Vorsichtig den Weinbrand darüber gießen, weiterrühren und mit Kaffee aufgießen.

2 Die Zitronen- und Orangenschale einlegen und den Curaçao eingießen.

3 Kurz bevor der Kaffee aufkocht, Zitronen- und Orangenschale entfernen und den Kaffee in eine Tasse gießen. Mit dickflüssiger Sahne bedecken.

Tip: Wenn Sie auf Optik Wert legen, fertigen Sie ein besonders hübsches Sahnehäubchen.

Thunfischcreme

Passt besonders gut zu **Brotstangen** (Seite 84).

Zutaten für 2 Personen

1 kleine Dose Thunfisch
2 EL Mayonnaise
1 TL Zitronensaft
Salz
schwarzer Pfeffer
2 Brotstangen
2 Kopfsalatblätter

10 Minuten
Kalorien: 565 kcal/Person

Zubereitung

1 Den Thunfisch gut abtropfen lassen und in der Küchenmaschine zusammen mit der Mayonnaise und dem Zitronensaft grob pürieren.

2 Die Thunfischcreme nach Geschmack mit Salz und Pfeffer würzen. Die Brotstangen der Länge nach einschneiden, aber nicht durchtrennen.

3 Die Salatblätter waschen und in Streifen schneiden. Zusammen mit der Thunfischcreme in die Brotstangen füllen.

Tip: Die Thunfischcreme zusätzlich mit einem Schuss Weißwein, gehackten Kapern und etwas Kapernsaft würzen.

Rum-Schoko-Milch

Passt besonders gut zu **Rosinenbrötchen** (Seite 86).

Zutaten für 1 Glas

1/8 l Milch

1 EL Kakaopulver

1 TL Zucker und nach Geschmack

2 cl Rum

1 Kugel Schokoladeneis

Zum Bestreuen:

Schokoraspeln

⏲ 10 Minuten
Kalorien: 331 kcal/Person

Zubereitung

1 Die Milch mit dem Kakaopulver, dem Zucker und dem Rum mit einem elektrischen Handrührgerät kräftig aufschlagen.

2 Die Eiskugel in ein hohes Glas geben und mit der Schokomilch begießen. Die Schokoraspeln darüber streuen.

Gemüsesauce

Passt besonders gut zum **Nudelteig** (Seite 86).

Zutaten für 4 Personen

1 kleine Zwiebel

2 Knoblauchzehen

1 Karotte

100 g Sellerieknolle

2 EL Butter

50 ml Weißwein

200 g Sahne

Salz

schwarzer Pfeffer

etwas Zitronensaft

1 EL gehackte Petersilie

⏲ 20 Minuten
Kalorien: 212 kcal/Person

Zubereitung

1 Die Zwiebel und die Knoblauchzehen schälen und fein hacken. Die Karotte und den Sellerie schälen und in feine Streifen schneiden.

2 In einer Pfanne die Butter erhitzen und darin das Zwiebel-Knoblauch-Gemisch anschwitzen. Die Karotten- und Selleriestreifen hinzufügen und einige Minuten andünsten lassen.

3 Das Gemüse mit Weißwein ablöschen und mit Sahne aufgießen. Die Sauce etwa fünf Minuten leise köcheln lassen. Mit Salz, Pfeffer und Zitronensaft abschmecken. Zuletzt die Petersilie einrühren.

Tip: Was das Gemüse angeht, haben Sie eine große Variationsbreite. Je nach Geschmack bietet sich auch Lauch oder Wirsing an.

Die Rum-Schoko-Milch schmeckt auch ganz hervorragend warm oder heiß. Als Alternativen zum Schokoladeneis bieten sich Vanille, Nuss oder auch Zitrone an.

Impressum

(13. Auflage 2004)

Redaktion:
Dr. Hermann Ehmann,
Cornelia Zucker

Projektleitung:
Sandra Klaucke

Redaktionsleitung:
Dr. Reinhard Pietsch

Bildredaktion:
Sabine Kestler

Umschlag:
Till Eiden, München

DTP/Satz:
satz & repro Grieb, München

Produktion:
Manfred Metzger

Druck:
Weber Offset, München

Bindung:
Conzella, Aschheim-Dornach

Printed in Germany

Gedruckt auf chlor- und
säurearmem Papier

ISBN 3-7787-3625-6

Bezugsquelle

Die glutenfreie Mehlmischung »Damia« erhalten Sie bei:
SHS Gesellschaft für klinische Ernährung mbH, D-74074 Heilbronn.

Bildnachweis

Bonisolli Barbara, München: Titel; Hofmann Rainer, München: 19, 27, 35, 37, 41, 47, 51, 53, 59, 65, 67, 71, 77, 79, 85, 89; IFA-Bilderteam, Taufkirchen: 8 (TPL), 18 (AGE); Image Bank, München: 10 (Luis Castaneda), 14 (Max Schneider); Kargl Christian, München: 6; Kerth Ulrich, München: 1; Südwest Verlag, München: 46, 61, 69, 73

Danksagung

Wir danken der Firma Panasonic Deutschland GmbH für ihre freundliche Unterstützung.

Hinweis

Das vorliegende Buch ist sorgfältig erarbeitet worden. Dennoch erfolgen alle Angaben ohne Gewähr. Weder Autorinnen noch Verlag können für eventuelle Nachteile oder Schäden, die aus den im Buch gemachten Hinweisen resultieren, eine Haftung übernehmen.

Über die Autorinnen

Brigitte Fischer (verantwortlich für die Brotrezepte) entdeckte vor einigen Jahren ihre Liebe für den Brotbackautomaten. Seitdem bäckt sie mit Begeisterung ihr eigenes Brot und entwickelte viele eigene Rezepte.
Rose Marie Donhauser (verantwortlich für die übrigen Rezepte) absolvierte drei gastronomische Ausbildungen, u. a. als Köchin im Hotel Hilton International in München. Seit 1988 schreibt sie erfolgreich praxisorientierte Kochbücher.

Rezeptregister

Kursive Seitenzahlen verweisen auf Abbildungen.

American Filet 39
Aprikosen-Apfel-Brot 72
Auberginenaufstrich 54
Aufstrich von Trockenfrüchten 74

Bananen-Honig-Brot 70, *71*
Bananenshake 81
Belegter Blechkuchen 82
Beschwipster Fruchtsalat 91
Blutorangengelee 80
Brioches 82
Brot »Napoli« 52
Brotstangen 84, *85*
Bunter Käse-Wurst-Salat 30
Buntes Apfel-Käse-Allerlei 38
Butterkuchen mit Zuckermandel 83
Buttermilchbrot mit Kräuteroliven 58, *59*

Cashewbrot 34, *35*
Chili con Carne 56
Chili-Pfeffer-Brot 45
Chili-Salami 43
Cottage-Käsebrot 50, *51*

Dattel-Rosinen-Brot 72
Dinkelbrot mit Anis 66
Dinkelvollkornbrot 66, *67*
Dunkles Weizenmischbrot 64, *65*

Eier in Tomatensauce 39
Eierlikörsahne 91
Englisches Toastbrot 76
Erdnussbrot 34

Feigen-Müsli-Brot 72
Feines Teebrot für zwei 76, 77
Feldsalat mit Walnüssen 81
Feuriger Mozzarella 38
Folienkartoffeln mit Speckquark 55
Fünfkornbrot mit Sonnenblumenkernen 25

Garnelen in heißem Knoblauchöl 32
Geflügelsalat mit Früchten 49
Gefüllte Datteln 68
Gemüsesauce 93
Gemüsespaghetti mit Zitronensauce 63
Glutenfreies Brot 78
Gorgonzolacreme 75
Gourmet-Anisbrot 44
Graham-Mischbrot 64
Grahambrot 24
Gratinierte Tomaten 56
Griechische Champignons 62

Hefenusskranz 90
Helles Roggenmischbrot 64
Helles Weizenmischbrot 66
Hüttenkäseaufstrich 43

Joggingbrot 50
Joghurtgelee mit Apfel 75

Kaffee Diable 92
Kaffeehausbrot 79
Kalte Gemüsesuppe aus Spanien 31
Karottenkäse 42
Kartoffel-Kümmel-Brot 60

Käse-Nudel-Salat 48
Käsesuppe aus Italien 32
Katenbrot aus Schleswig-Holstein 24
Kerbelsuppe 49
Kirschjoghurtbrot 70
Kleiebrot 26
Knoblauch-Käse-Brot 52
Knoblauchbrot 45
Körneraufstrich 33
Kräuterbrot 44
Krautsalat mit Speck 57
Kuminbrot mit Safranfäden 46, *47*
Kümmelbrot 44

Laugenbrezen 88, *89*
Luckeleskäse 48
Mandel-Limetten-Brot 36

Marinierte Paprikastücke 30
Matjessalat 29
Mehrkornbrot 25
Mischbrot 28
Mischbrot mit Roggen 26

Nizzasalat 62
Nudelteig 86

Obazda 29
Olivenbrot mit Fetakäse 60

Paprika-Zucchini-Brot 61
Pekannussbrot 36, *37*
Pfälzer Weinbrot 26, *27*
Pikante Remouladeneier 42
Pinienkernbrot 34
Pizzateig, klassisch 87
Pumpernickel mit Hanfsamen 40, *41*

Quarkcreme mit Sauerkirschen 74

Roggenbrot mit Leinsamen 24
Roggenbrötchen 87
Rosinenbrötchen 86
Rum-Schoko-Milch 93

Schinkenbrot 53, *53*
Schinkenquark 75
Schleschisches Häckerle 68
Schoko-Kokos-Brot 78
Schweizer Rüblibrot 58
Sesambrot 46
Sonnenblumenbrot 28

Tatar mit Speck 57
Texanisches Maismehlbrot 52
Thunfischcreme 92
Tomatensuppe mit Gin 80
Tropisches Früchtebrot 73
Türkischer Karottensalat 69

Überbackener Spinatbelag 33

Vanillefrühstückshörnchen 90

Weißbrot Parisienne 76
Weißbrotstangen 88
Weizenbrot mit Haferflocken 36
Weizenbrot mit Sonnenblumen 40
Weizenmaisbrot 25
Weizenmischbrot 28
Weizenvollkornbrot mit Haselnüssen 40

Zucchinipfanne mit Garnelen 54
Zwiebelbrot à la Provence 60